小学课程与教学

（第2版）

主　编　黄跃华　彭文军

副主编　黎　斌　唐小华　陈金平

　　　　赵艺真

参　编（排名不分先后）

　　　　李燕枝　李银洁　王　蓉

　　　　许　可　袁慧勇

主　审　李金国

湖南大学出版社·长沙

内 容 简 介

本书在扼要介绍课程与教学的内涵及发展与学习方法的基础上，分章重点论述了小学课程目标与课程内容、小学校本课程开发、小学课程实施与评价、小学教学目标、小学教学方法、小学教学手段、小学教学组织形式、小学教学模式、小学教学管理与评价等内容。

适合专科层次小学教师培养专业的学生使用，小学教师亦可作为培训教材和学习参考书。

图书在版编目（CIP）数据

小学课程与教学/黄跃华，彭文军主编 .—长沙：湖南大学出版社，2021.1（2023.8 再版）

专科层次小学教师培养规划教材/蒋蓉主编

ISBN 978-7-5667-1549-4

Ⅰ.①小… Ⅱ.①黄… ②彭… Ⅲ.①小学—课程—教学研究—高等职业教育—教材 Ⅳ.①G622.3

中国版本图书馆 CIP 数据核字（2020）第 070695 号

小学课程与教学

XIAOXUE KECHENG YU JIAOXUE

主　　编：黄跃华　彭文军
丛书策划：刘　锋　罗红红
责任编辑：刘　锋
印　　装：长沙鸿发印务实业有限公司
开　　本：787 mm×1092 mm　1/16　印　张：12.25　字　数：266 千字
版　　次：2023 年 8 月第 2 版　　印　次：2023 年 8 月第 1 次印刷
书　　号：ISBN 978-7-5667-1549-4
定　　价：38.50 元

出 版 人：李文邦
出版发行：湖南大学出版社
社　　址：湖南·长沙·岳麓山　　　　邮　　编：410082
电　　话：0731-88822559(营销部),88821173(编辑室),88821006(出版部)
传　　真：0731-88822264(总编室)
网　　址：http://www.hnupress.com
电子邮箱：553501186@ qq.com

专科层次小学教师培养规划教材
编 委 会

主 任

　　李艳红

副 主 任

　　张　华　　曹才力　　高金平　　彭平安　　陈美中

　　张廷鑫　　李晓培　　焦玉利　　汪华明　　邓昌大

　　石纪虎　　李振兴　　刘宝国

执行主任

　　王胜青

编 委 （排名不分先后）

　　王国昌　　史凌云　　付高勤　　吕永忠　　刘益民

　　张永明　　张应成　　宋祖荣　　何君辉　　吴桂容

　　杨建东　　杨新斌　　杨建湘　　林肖丽　　李　辉

　　罗　勇　　郑浩森　　胡达仁　　段春华　　康玉君

　　杨火保　　梁　平　　黄跃华　　颜　旭　　曾健坤

　　谢　源　　蒲远波　　潘瑞祥　　潘伟峰

总 主 编

　　蒋　蓉

序

2018 年 1 月，中共中央、国务院印发了《关于全面深化新时代教师队伍建设改革的意见》（以下简称《意见》）。这是新中国成立以来党中央出台的第一个专门面向教师队伍建设的文件，具有重要的战略意义。这是在习近平新时代中国特色社会主义思想指导下，贯彻落实十九大精神，深化教育改革的重大战略决策。

当前，中国特色社会主义进入了新时代，开启了全面建设社会主义现代化新征程。面对新方位新征程新使命，教师的思想政治素质和师德水平需要提升，专业化水平需要提高。为此，《意见》中提出要培养造就"高素质专业化创新型"教师。所谓"高素质"，就如习近平总书记所讲的，教师要"有理想信念""有道德情操""有扎实学识""有仁爱之心"；所谓"专业化"，就是要求教师掌握教育规律和青少年儿童成长发展规律，因材施教，为学生提供适合的教育；所谓"创新型"，就是要求教师有创新精神，勇于改革，在教育教学改革中积累新的经验，培养创新人才。

培养"高素质专业化创新型"教师，无疑是师范院校的任务。改革开放四十多年来，我国的师范教育的规模由小到大，为我国基础教育培养了大批合格教师，现在在岗的 1400 余万名中小学教师基本上是改革开放以来培养起来的。但是，随着时代的发展，教师教育也需要改革创新。但不得不说，有一段时间，师范院校在改革大潮中迷失了方向，师范教育走过一段弯路。1999 年 6 月，中共中央、国务院发布的《关于深化教育改革全面推进素质教育的决定》提出："鼓励综合性高等学校和非师范类高等学校参与培养、培训中小学教师的工作，探索在有条件的综合性高等学校中试办师范学院。"目的是通过高水平综合性大学和非师范类高等学校的参与来提高教师队伍的建设水平。但是，这次尝试并没有让师范教育加强，反而削弱了，因为非师范类高等学校除了培养少量教育专业硕士外，几乎没有参与其他层次的教师培养。失误在于：一是一千多所中师被撤销，小学教师的学历提高了，但适合小学教育的能力却降低了；二是许多师专纷纷扩展为综合性高校，热衷于升格，不关心教师的培养，极大地削弱了师范教育；三是许多师范院校为了挤入名牌高校发展为综合大学，热衷于扩充非师范专业，甚至抽调师范专业的教师去充实其他新建立的学科，这必然削弱了师范专业的实力。这些做法与改革的宗旨背道而驰。

《意见》中提出，要大力振兴教师教育，要加强师范院校建设，并对各级各类教师提出了高标准新要求。我国的国情是人口多，学生多，区域间教育发展不均衡，师范院校在一个较长的历史时期还是教师教育的主体。师范院校要认真学习习近平总书记教育思想，认真贯彻《意见》提出的改革要求，加强教师教育专业训练，夯实教育实践环节，把学校真正办成培养"高素质专业化创新型"教师的基地。

当前教师队伍建设，短板在农村。长期以来，贫困乡村，特别是边远山区，由于地理条件的制约，教育很不发达。为了改变农村教育的落后面貌，十八大以来，党和政府采取了多种措施来提升农村的教育水平。比如，实施了"公费师范生""特岗教师计划""乡村教师支持计划"等政策，大幅扩大了中西部地区和乡村的教师规模，提高了教师队伍的素质。但是由于东中西部经济发展差距、城乡发展差距尚未得到根本解决，农村基础教育，尤其是中西部贫困地区的农村基础教育，仍然面临着许多困难，最主要的困难是师资匮乏、教育观念落后、人才培养模式错位等等。近几年来，国家教育咨询委员会"推进素质教育改革"工作组走访了几个省的农村，发现那里学校的办学条件逐年改善，孩子也十分活泼可爱，但课堂教学却不尽如人意。如有些地方课程还开不齐全，有些教师的教学水平不高，照本宣科，甚至于概念都讲不清楚。因此，如何进一步加强乡村教师队伍建设是当前实现教育现代化必须解决的问题。

加强乡村教师队伍建设，我们要改变一些思路。高质量并非高学历。过去为片面追求高学历，将小学教师学历一下子提高到本科水平，许多学校办起了本科层次的小学教育专业。这确实对提高小学教师队伍整体质量起了一定的作用，特别是对城市小学而言。但从现实情况来看，这些本科师范毕业生不愿去农村，小学教师还是以专科师范毕业生为主。目前进行专科层次小学教师培养的学校有 300 多所，年培养毕业生近 10 万人。由于大部分学生生在乡村、长在乡村，更熟悉和热爱乡村，对乡村有天然的情感，他们扎根乡村的意志更坚定，专业情意更浓，可以"下得去、留得住"。因此，加强高等师范专科学校的建设，应该成为当前小学教师培养工作的重点。

培养专科层次的师范生，需要有一套适合他们的教材。但是，目前还没有一套专门针对农村小学教师培养的专科层次的教材。湖南大学出版社秉承岳麓书院传统，重视农村文化教育建设，以教育部卓越教师培养计划改革项目"基于实践取向的卓越小学教师培养"为依托，组织全国 20 多所多年从事小学教师培养的专科学校，共同编写了本套教材，填补了当前专科层次小学教师培养教材的空白。这套教材具有以下特点：

一是针对性。针对学生的文化基础、地区差异和培养目标的需要，教材力求符合学生的认知规律和能力培养规律，注重与学生已有的知识、经验与环境的联系。在注重知识传授的同时，强调对学生教学能力特别是学习能力的培养，为学生毕业后从事教学和专业发展做好充分的准备。

二是科学性。这套教材是在精心研究大纲的基础上编写的，力求培养基础知识宽厚、专业知识扎实、综合素养高、具有推进基础教育新课程改革能力的小学教师队伍。在教材内容的选择上，既考虑学科的系统性和完整性，更注重学生必需的知识。

三是时代性。教材重视"课程思政"，着重强调社会主义核心价值观与师德教育，引入课程改革和教育研究最新成果以及优秀小学乡土教育教学案例。与教材配套的音频、视频、课件、阅读资料等教学资源都将以二维码方式呈现，做到纸质文本与数字资源相结合、线下面授与线上学习相结合。

四是实践性。这套教材注重学生实践能力的培养，增加了小学教师职业道德与法律法规、小学教育实践、小学生班级管理、小学教育科学研究方法等课程，加强了见习和实习环节。

这套教材立意高远、特色鲜明，既有传承性，更有开拓性，对于快速提高农村小学教师培养质量、全面提升农村小学教育水平以及有序推进新课程改革，都有重大的意义。

2020 年 8 月 15 日

序

科技的进步、社会的发展以及基础教育新课程改革的不断推进，对教师的知识、能力和素质提出了新的要求，而当前的小学教师队伍，尤其是广大乡村地区的小学教师队伍建设，不同程度存在师德弱化、年龄老化、结构失衡、素质不高、流失严重、补充不畅等一系列问题。

党中央和国务院高度重视乡村教师队伍建设，出台了一系列政策和措施。《中共中央 国务院关于全面深化新时代教师队伍建设改革的意见》要求"采取到岗退费或公费培养、定向培养等方式，吸引优秀青年踊跃报考师范院校和师范专业"。《教师教育振兴行动计划（2018—2022年）》提出："推进本土化培养，面向师资补充困难地区逐步扩大乡村教师公费定向培养规模，为乡村学校培养'下得去、留得住、教得好、有发展'的合格教师。"

为增加乡村教师培养数量，提高培养质量，促进城乡义务教育均衡发展，湖南省从2006年开始在全国率先启动实施了乡村教师公费定向培养计划。在培养五年制公费定向乡村小学教师方面，制订了《湖南省五年制专科层次小学教师培养课程方案（试行）》，并组织省内师范院校编写了五年制专科层次小学教师培养教材。"公费定向培养计划"实施十多年来，吸引了一大批优秀初中毕业生顺利完成五年学业，走向小学教师岗位。其中，很多毕业生迅速成为学校的教学骨干或者管理骨干，在很大程度上缓解了湖南乡村小学教师队伍人才的短缺现象。同时，该培养计划也得到了教育部的高度肯定，很多兄弟省份纷纷来湘考察学习。

"五年制大专层次小学教师培养教材"自2006年出版以来，在学校教育教学、小学教师培养等方面发挥了积极作用，但由于课程体系、教材内容、呈现方式久未更新，已经不符合当下小学教育教学的实际。鉴于此，在湖南省教育厅的规划和指导下，湖南大学出版社组织省内所有承担五年制专科层次小学教师培养的学校及省外的部分师范学校，以教育部卓越教师培养计划改革项目"基于实践取向的卓越小学教师培养"为依托，在教育部高等学校小学教师培养教学指导委员会的指导下，编写了这套"专科层次小学教师培养规划教材"。从总体上来看，这套教材有如下鲜明特点：

一是倡导以学生为中心，创新教材体系。严格按照小学教师专业标准、小学教师教育课程标准、师范专业认证标准的要求构建教材体系和内容，给学生提供未来进行小学教育教学所需要的基本理论、方法、规律，使学生能运用理论知识和科学方法探寻和剖析小学教学中诸多问题，并能举一反三。

二是凸显产出导向，注重能力培养。教材品种、内容选择完全覆盖毕业生核心能力素质要求的各项指标。每种课程教材都与小学教师培养目标及毕业生要求相对应，从而实现学习效果良好、切实提高人才培养质量的目的。根据小学教育专业认证的新要求，除了开发传统文化课、教育理论课和实践课，还增加了四门课程，分别是践行师德的课程——小学教师职业道德与法律法规、学会教学的课程——小学教育实践、学会育人的课程——小学班级管理、学会发展的课程——小学教育科学研究方法。

三是强化知行合一，坚持实践育人。这套教材由全国各地多年从事小学教师培养学校的一线教师编写，充分考虑了当地学生的文化基础水平与接受水平，注重学生实践能力的培养，体现小学教育的科学性、时代性、针对性、实用性，强化课程思政，强化社会主义核心价值观与师德教育；充分吸收学科前沿知识，引入课程改革和教育研究最新成果以及优秀小学乡土教育教学案例，并根据教学要求及时更新，以满足专业教学不断改进的需要。

四是顺应数字时代需求，推进教材融媒体化。这套教材除了纸质教材采用双色印刷、体例上大胆创新采用章节体与模块化结合外，还将与教材配套的音频、视频、课件、阅读资料等教学资源以二维码方式呈现，做到纸质文本与数字资源相结合、线下面授与线上学习相结合，极大地方便教师教学，提高学生的学习兴趣和主动性。

这套教材的编写坚持立德树人的指导思想，以学生的需要为出发点，以学生的专业发展为目的，注重学生教学能力、育人能力和研究能力的培养，必然能够充分调动学生学习的积极性、主动性、创造性，对顺利达成专科层次小学教师培养的预期目标、有效促进基础教育教学改革，将发挥重要作用。

王玉清

2020 年 8 月

目 次
CONTENTS

绪　论

 学习目标

- ✦ 理解课程、教学的内涵以及它们之间的关系；
- ✦ 了解课程与教学的历史发展；
- ✦ 明了课程与教学的学习方法。

 **案例导入**

一位小学教师的困惑

在一次小学课程与教学的研讨会上，一位教师说："我是一名小学教师。对课程和教学改革中提出的一些新观点、新理念，我非常赞同并积极参与。但是，专家们对于课程与教学存在着各种各样的定义。有的认为课程即教学科目；有的认为课程既包括书本知识，又包括学生的活动经验；有的认为课程既有教材内容，又有教师、学生、环境；有的认为课程即教学；有的认为教学只是课程的一部分……总之，我感觉课程与教学似乎没有一个明确的定义。这些五花八门的观点，让我不知该如何理解和把握课程与教学，不知道怎样创造性地运用课程与教学的理论解决各种实际问题。"

究竟什么是课程？什么是教学？课程与教学的关系如何？这些问题你或许会在本章的学习过程中找到答案。

第一节　课程与教学的内涵及发展

一　课程与教学的内涵

（一）课程的内涵

1. 从词源追溯课程的内涵

在我国，"课程"一词始见于唐代，孔颖达将"奕奕寝庙，君子作之"注疏为"从维护课程，必君子监之，乃依法制"，这里的"课程"指"寝庙"，意为"伟业"，其含义比较宽泛，与现在我们通常所指的课程含义相差甚远。宋代朱熹在《朱子全书·论学》中多次提到"课程"，如"宽着期限，紧着课程""小立课程，大作功夫"等，其意指功课及学习进程，与现在我们对"课程"的解释很为相近。

在西方，"curriculum（课程）"一词是从拉丁语"currere"中派生而来的，意为"跑道（race-course）"。它最早出现在英国教育家斯宾塞于1859年所撰写的《什么知识最有价值》中，在此，"课程"一词意指教学内容的系统组织，后被翻译成教育课程。

2. 关于课程的各种定义

课程是什么？国内外学者对课程下过很多定义。比较有代表性的观点有：

（1）美国著名课程专家古德莱德在对课程层次建立概念框架的过程中，将课程划分为五个层次，即五种不同的课程形态：①理想的课程，即由一些教育研究机构、学术团体和课程专家提出的应该开设的课程。②正式的课程，即由教育行政部门规定的课程计划、课程标准和教材，也就是我们平时在课程表中看到的课程。③领悟或理解的课程，即任课教师对正式的课程所领悟而形成的课程。④运作的课程，即在课堂上实际实施的课程，在实施中，教师常常会根据学生的反应随时进行调整。⑤经验的课程，即学生在课堂学习中实实在在体验到的东西，也即课程经验。[①]

（2）美国学者蔡斯将课程的定义归为六大类：课程是学习方案；课程是学程内容；课程是有计划的学习经验；课程是在学校领导下获得的经验；课程是预期的学习结果的构造系列；

[①] Goodlad，John I. Associates Curriculum Inquiry：the Study of Curriculum Practice ［M］. New York：McGraw-Hill Book Company，1979：60-64.

课程是（书面的）活动计划。①

（3）我国香港学者将课程的定义归为五大类：第一，以课程为学科、学程及学科内容；第二，以课程为计划；第三，以课程为目标；第四，以课程为经验；第五，其他的课程定义。②

（4）我国课程论专家施良方把各种课程定义归纳为六大类型：课程即教学科目；课程即有计划的教学活动；课程即预期的学习结果；课程即学习经验；课程即社会文化的再生产；课程即社会改造。③

随着课程研究的深入，人们对课程的理解已不满足于一种设计好的"跑道""预期的学习结果""计划"或"方案"。人们更关注过程，关注课程的运行进程，认为"课程是一段教育进程"④。

本教材的课程是指学校为实现培养目标而选择教育内容及教育进程的总和，包括学校教师所教授的各门学科和一切有目的、有计划的教育活动。

（二）教学的内涵

1. 从词源追溯教学的内涵

"教"与"学"两个字最早出现于商朝时期的甲骨文中，如"丁酉卜，其呼以多方小子小臣其教戒""壬子卜，弗，酒小求学"。"教学"二字连在一起使用，最早见于《书·尚书·兑命》："敩学半。"宋朝蔡沈注："敩，教也……始之自学，学也；终之教人，亦学也。"这里的"教""学"指的是教师的行为，还不是现代意义上的教学。

《礼记·学记》记载："玉不琢，不成器；人不学，不知道。是故，古之王者，建国君民，教学为先。"《后汉书·章帝纪》记载："十一月壬戌，诏曰：'盖三代导人，教学为本。'"《南史·崔祖思传》记载："自古开物成务，必以教学为先。"这里的"教学"指教育，含义广阔。

《孔子家语·七十二弟子解》记载："颜由，颜回父，字季路。孔子始教学于闾里，而受学，少孔子六岁。"《东观汉记·邓禹传》记载："（邓禹）笃于经书，教学子孙。"这里的"教学"是指把知识、技能传授给学生的过程。

宋代欧阳修为胡瑗先生作墓表时写道："先生之徒最盛，其在湖州学，弟子来去常数百人，各以其经传相传授，其教学之法最备，行之数年，东南之士，莫不以仁义礼乐为学。"这里的"教学"与我们现在的含义接近，指教师的"教"和学生的"学"。

在英语中，与教学相关的单词有"learning""instructing""teaching"。这三个词的侧重点

---

① 蔡斯. 课程的概念与课程领域［M］//瞿葆奎. 课程与教材（上册）. 北京：人民教育出版社，1998：250.

② 李子建，黄显华. 课程：范式，取向和设计［M］. 香港：香港中文大学出版社，1996：1-8.

③ 施良方. 课程理论：课程的基础、原理与问题［M］. 北京：教育科学出版社，1996：3-7.

④ 黄甫全. 现代课程与教学论［M］. 北京：人民教育出版社，2011：65.

各不相同。"learning"（学、学习）表示学；"instructing"（教导）主要指特定的训练；"teaching"（教学、教导）表示教，主要指知识的传递和能力的培养。

通过对中西方教学词源的考察可以看出，教学主要的含义是"教授""学习""教学生学"以及教师的教与学生的学。

2. 关于教学的各种定义

（1）夸美纽斯认为：教学是"把一切事物教给一切人类的全部艺术"[①]。

（2）布鲁纳认为："教学是通过引导学习者对问题或知识体系循序渐进的学习来提高学习者正在学习中的理解、转换和迁移能力。"[②]

（3）钟启泉教授认为："所谓教学，是借助'学科'这一特殊的媒介促进'学生发展'的教育实践。"[③]

（4）张华教授认为："教学是教师与学生以课堂为渠道的交往过程，是教师的教与学生的学的统一活动。通过这个交往过程和活动，学生掌握一定的知识技能，形成一定的能力态度，人格获得一定的发展。"[④]

（5）王策三认为："所谓教学，乃是教师教、学生学的统一活动；在这个活动中，学生掌握一定的知识和技能，同时，身心获得一定的发展，形成一定的思想品德。"[⑤]

本教材中的教学是指根据教育目的，教师的教和学生的学相统一的一种教育活动。

（三）课程与教学的关系

课程与教学的关系，目前没有统一的见解，主要观点有：

1. "大教学论观"

"大教学论观"认为教学包含课程，即将课程作为教学内容，作为教学的一部分。夸美纽斯、赫尔巴特等人的教学思想中都有体现"大教学论观"的思想，我国早期的课程与教学研究者们也持此观点。如，吴杰认为"课程论是教学论的基本组成部分之一"[⑥]。何志汉认为"课程问题就是学校教什么和学什么的问题，通常称为教学内容。西方国家把它作为一门独立的学科进行研究，成为教学论的一个分支，叫课程论。课程论是研究教学内容的理论"[⑦]。

2. "大课程论观"

"大课程论观"认为课程包含教学，即将教学作为课程的一部分。"大课程论观"在北美

---

① 夸美纽斯. 大教学论［M］. 北京：人民教育出版社，1984：3.
② 布鲁纳. 教育过程［M］. 北京：文化教育出版社，1982：6.
③ 李定仁，徐继存. 教学论研究二十年［M］. 北京：人民教育出版社，1979：25.
④ 张华. 课程与教学论［M］. 上海：上海教育出版社，2001：73.
⑤ 王策三. 教学论稿［M］. 北京：人民教育出版社，1985：88-89.
⑥ 吴杰. 教学论——教学理论的历史发展［M］. 长春：吉林教育出版社，1986：6.
⑦ 何志汉. 教学论稿［M］. 重庆：西南师范大学出版社，1988：276.

影响深远。美国现代课程论的奠基人泰勒在其著作《课程与教学的基本原理》中，提出把教学作为课程的一部分来对待。在我国也有不少学者持此观点，认为课程这一概念更为广义，"其本质上是一种教育进程，而作为教育进程则包含了教学过程"。

3. "一体化论"

"一体化论"认为课程与教学是密不可分的，不能孤立地存在，必须把它们综合起来进行整体性研究。杜威在《民主主义与教育》中提出，"完善的经验是物我两忘的，真正的教育是心理与逻辑、方法与教材、教学与课程彼此间水乳交融、相互作用、动态统一的"①。英国的斯滕豪斯的过程模式强调课程与教学之间相互作用。瑞典的伦德格伦也是从课程与教学之间系统化联系的角度来界定课程理论的。我国学者杨启亮教授认为："课程与教学既有着本源性的一致性和统一性，又有着各自发挥作用的领域和空间，它们虽可分析研究却不可能各自独立运作，因此用'和而不同'更能表达其间的关系。"②

4. "二元独立论"

"二元独立论"认为课程与教学属于两门独立的分支学科，有各自特定的研究对象和任务，需要分开研究。美国蔡斯认为："课程是一个广义的概念，教学则是一个特殊的现象或亚系统，在某种程度上，教学是课程的延续。"③ 我国学者廖哲勋认为："课程论确有特定的研究对象，它与教学论的研究对象确有质的区别。所以，把课程论从教学论中分化出来形成一门独立的教育学科，是实践的需要，是科学发展的必然。"④

综上所述，课程与教学存在着复杂的关系。作为学习者，没必要纠缠于某一观点，关键是要把握课程与教学的理论精髓，提高对它们的实践认识。

二 课程与教学的发展

（一）西方课程与教学的发展

1. 萌芽期（奴隶社会—文艺复兴时期）的课程与教学的形态

（1）课程形态

①古代希腊课程

古希腊是西方文明的发源地，它主要有斯巴达教育和雅典教育两种类型。斯巴达是农业奴隶制国家，斯巴达教育希望通过严酷的军事体育操练把贵族子弟训练成体格强壮的武士，它的

---

① 张华. 课程与教学论 [M]. 上海：上海教育出版社，2000：56.
② 刘晓玲，杨启亮. 课程改革中的教学问题思考 [J]. 教育研究，2002 (6).
③ 黄宗芬. 课程与教学：从二元对立走向整合 [J]. 教学研究，2005 (1)：27-30.
④ 廖哲勋. 课程论的研究对象 [J]. 教育研究与实验，1985 (2)：49-52.

课程内容主要是"五项竞技"，即跳跃、跑步、铁饼、标枪、角力，此外还有游泳、骑马、射箭、音乐和舞蹈等。

雅典交通方便，手工业和商业相当发达，是一个繁荣富强的国家，因此，雅典教育的目的是培养多方面和谐发展的人，它的课程内容是智者派创立的"三艺"，即文法、修辞、逻辑。

柏拉图是古希腊伟大的哲学家。他认为教育的最高目标是培养哲学家兼政治家，教育的最终目的是促使"灵魂转向"。根据这一目标和目的，柏拉图吸收和发展了智者派的"三艺"及斯巴达教育的军事体育课程，也总结了雅典教育的教学实践经验，在教育史上第一次提出了"四艺"课程，即算术、几何、天文、音乐。其后，"四艺"课程便成了古希腊课程体系的主干和导源，支配了欧洲的中等与高等教育达 1500 年之久。柏拉图认为，每门学科均有其独特的功能，凡有所学，皆会促成性格的发展。在 17 岁之前，广泛的学科内容是为了培养公民的一般素养，而对于未来的哲学家来讲，前面所述的各门学科都是学习辩证法必不可少的知识准备。文法和修辞是研究哲学的基础；算术是为了锻炼人的分析与思考能力；几何、天文对于航海、行军作战、观测气候、探索宇宙十分重要；学习音乐则有助于培养人高尚的道德情操。同时，他还很重视选择和优化各种教材，使其符合道德要求，以促进儿童心智之发展。

②中世纪的课程

欧洲中世纪，宗教教育与封建主的世俗教育并存，并以宗教教育为主干。僧侣们获得了知识教育的垄断地位，因而便产生了基督教的课程，渗透了宗教教育的目的和要求。基督教学校几乎就是这个时期唯一的教育机构，教士是主要的教育者。欧洲中世纪的基督教学校大体上可以分为修道院学校、主教学校和教区学校三类。早期修道院学校主要强调宗教内容的学习，辅之以简单的读、写、算，后来课程内容得到扩展，将古希腊和古罗马的"七艺"，即文法、修辞、逻辑、算术、几何、天文、音乐作为主要学习科目。

欧洲中世纪早期的世俗教育显得相当薄弱。这个时期世俗封建主的主要教育形式是骑士教育，这是一种特殊形式的家庭教育。其主要目标是培养具有勇猛豪侠、忠君敬主的骑士精神和技能的骑士，主要的学习内容为击剑、骑马、打猎、投枪、游泳、下棋、颂诗，逐渐形成"武士七艺"课程。

③文艺复兴时期的课程

14 世纪到 17 世纪，欧洲出现了文艺复兴运动。人文主义者维多得诺、拉伯雷等人深刻地鞭挞了宗教教育对儿童个性的压抑和摧残，提出了人文主义教育思想：首先，从对人的崇拜出发，要求热爱儿童、相信儿童，把他们培育成为体魄健康、知识广博、多才多艺、富于进取精神、善于处理公私事务的人；其次，在继承雅典文雅教育思想的基础上，主张恢复古代希腊的体育、德育、智育、美育等多方面的教育，培养和谐发展的人。

（2）教学形态

古希腊和古罗马都是西方文明的主要源头，也是教学思想的发源地，先后出现了苏格拉底、柏拉图、亚里士多德和昆体良等著名的思想家。

苏格拉底的雄辩和与青年智者的问答法闻名于世，这种教学方法称为"苏格拉底方法"，又称"产婆术"，是指在与学生谈话的过程中，并不直截了当地把知识告诉学生，而是通过讨论问答甚至辩论方式来揭露对方认识中的矛盾，逐步引导学生自己得出正确答案。这种问答分为四步：第一步称为讽刺，即通过不断提问，使对方陷入自相矛盾之中，承认对这个问题一无所知；第二步称为助产，即帮助对方抛弃谬见，找出正确、普遍的东西；第三步称为归纳，即从个别事物中找出共性，通过对个别善行的分析比较来寻找一般美德；第四步称为定义，即把单一的概念归纳到一般的东西中去。

柏拉图师承苏格拉底的问答法，把回忆已有知识的过程视为一种教学和启发的过程。他反对用强制性手段灌输知识，提倡通过问答形式，提出问题，揭露矛盾，然后进行分析、判断、归纳、综合，最后得出结论。同时，柏拉图还是"寓学习于游戏"的最早提倡者。

亚里士多德是古希腊百科全书式的哲学家，他在历史上首次提出了"教育遵循自然"的原则，注意到了儿童心理发展的自然特点，主张按照儿童心理发展的规律对儿童进行分阶段教育。

昆体良是西方教育史上第一个专门论述教育问题的教育家。他的《雄辩术原理》是西方第一本教育专著，也是世界上第一部研究教学法的著作。在这一著作中，昆体良将学习过程概括为"模仿—理论—练习"三个阶段。

2. 形成期（17世纪到19世纪）的课程与教学思想

（1）课程思想

17世纪到19世纪，欧洲各国先后建立了资产阶级政权。这时期的学校课程走出了"文雅教育"的象牙塔，开始注重个人生活需要和社会现实需要，自然科学在同宗教的斗争中迅速发展起来。课程呈现以下特点：一是科目增多，从古代"大一统"哲学中分化出数学、力学、物理、化学、生物学、动物学、天文学等课程；二是随着民族国家的独立，又增设了母国语、外语、公民、历史、地理、艺术等课程。这一时期教育理论家相继出现，产生了大量的关于课程与教学问题的研究成果，其中，具有代表性的课程思想有泛智主义课程观、科学主义课程观、主知主义课程观以及实用主义课程观。

①泛智主义课程观。

泛智主义课程观是指以泛智主义教育思想为基础的课程观念，由著名的教育理论家和实践家夸美纽斯提出。1632年，夸美纽斯的《大教学论》出版，目的是阐明"把一切事物教给一切人类的全部艺术"。他在"泛智论"和"教育适应自然"的基础上，总结了学习的程序，提出了统一的学制系统，设计了婴儿期、儿童期、少年期和青年期等不同年龄段的课程，旨在通过这种层层递进的学制和泛智的课程内容，让人们能够涉猎全部知识，具备真实的学问、道德和信仰。

婴儿期（从出生至6岁），与之相应的为母育学校。夸美纽斯认为，每一个家庭都是一所母育学校，父母是孩子的第一位老师。母育学校为儿童的体力、道德和智力发展奠定基础，并为儿童进入国语学校学习打下基础。

儿童期（从6岁至12岁），与之相应的是国语学校。夸美纽斯建议在国语学校里设置国语、计算、测量、经济和政治常识、道德教育、历史、地理、音乐等课程。

少年期（从12岁至18岁），与之相应的是拉丁语学校。学校设置的课程主要为"七艺"（即文法、修辞、逻辑、算术、几何、天文、音乐）、物理、地理、年代学、历史、伦理、神学等。这些课程为有志继续接受高深教育的学生作了充分的准备。

青年期（从18岁至24岁），与之相应的是大学，分哲学、医学、法学、神学四科进行教学。学校设置的课程主要有文法、修辞、辩证法、数学、天文学、物理学、历史、地理、伦理、神学等。

②科学主义课程观。

科学主义课程观由英国实证主义哲学家、社会学家斯宾塞提出。1859年，他发表了《什么知识最有价值》，阐明了截然不同于传统的古典主义教育思潮的新观点。斯宾塞认为，学习科学是所有美好生活的最好准备，他主张科学应居于"统治一切"的主导地位，应当立即进入学校的课程。他以人的五类活动为出发点，建立了一套以科学为核心的五大部分课程体系：一是生理学、解剖学，以"防止丧失健康来直接保全"；二是数学、力学、热学、光学、化学、生物学、社会学等，有助于人们谋生和"间接保全自己"；三是心理学、教育学，这是父母对孩子进行智育、德育和体育教育所必需的知识；四是历史、社会学，这是公民履行社会职责义务所需的知识；五是雕塑、绘画、音乐、诗歌等，这是供娱乐休息之用的知识。

斯宾塞的科学主义课程，让科学占据了课程的主要内容，使学校课程与现实的社会生活密切联系起来，对传统的古典人文主义的课程无疑是一次重大革命。

③主知主义课程观。

主知主义课程观是指以知识本位的教育学说为基础的课程观念，由德国哲学家、心理学家、科学教育学的奠基人赫尔巴特提出。1806年，赫尔巴特的《普通教育学》出版，标志着规范教育学的建立。他的课程论思想主要体现在以下三个方面：

第一，经验兴趣与课程。赫尔巴特提倡学校课程的设置应与学生的多方面兴趣相适应。他提出了六种不同的兴趣：一是经验的兴趣，相应有自然、地理、物理、化学等学科；二是思辨的兴趣，相应有语法、数学、逻辑等学科；三是审美的兴趣，相应有文学、诗歌、音乐等学科；四是同情的兴趣，相应有本国语、外国语（古典外语和现代外语）等学科；五是社会的兴趣，相应有政治、历史、法律等学科；六是宗教的兴趣，相应有神学学科。

第二，统觉与课程。根据统觉原理，他提出课程设计的两项原则：一是相关原则，即学校不同课程的安排应当相互影响、相互联系；二是集中原则，即在学校的所有课程中，选择一门科目作为学习的中心，使其他科目都作为学习和理解它的手段。

第三，儿童发展与课程。赫尔巴特将儿童发展与课程相联系，力图以文化纪元理论为基础，探讨课程的选择和设计。他认为课程的程序是：婴儿期（0—3岁）（人类的历史早期），应以身体的养护为主，同时加以感官训练和语言学习，幼儿期（4—8岁）（人类的想象期），教学内容以《荷马史诗》为主，学习书、写、算，以发展幼儿的想象力；童年期（9—15岁）至青年期（16—20岁），分别教授数学、历史等，以发展理性为主。

赫尔巴特构建了囊括人文学科和自然学科的较为完整和系统的课程体系，使学生受到比较全面的教养，适应了当时工业发展的需要。他提出了课程的安排要注意儿童身心发展的特点，强调"平衡的多方面兴趣"和"一切能力的和谐发展"，对于当前课程改革具有重大意义。

④实用主义课程观。

实用主义课程又称儿童中心课程或活动课程，由美国著名的哲学家、教育家杜威提出。杜威从经验论出发，强调以儿童为中心，主张从实践中学习，提出了"教育即生活""学校即社会""从做中学"的口号。他认为"决定学习的质和量的是儿童而不是教材""学校科目互相联系的真正中心，不是科学，不是文学，不是历史，不是地理，而是儿童本身的社会活动"[①]。实用主义的课程设计以儿童的需要和兴趣为根本依据，凡是儿童不感兴趣的事物都不列入课程计划，重视儿童的个性选择与发展。课程组织重视儿童心理发展的次序，主张应从儿童的经验出发，将教材心理学化，在教学过程中将儿童的个体经验逐渐提升到教材的逻辑水平。

实用主义课程重视儿童的需要、兴趣和个体差异，能调动儿童学习的主动性和积极性；强调"在做中学"的探索式学习，有利于儿童创造能力的培养；强调围绕现实社会生活的各个领域精心设计和组织课程，有利于儿童获得对世界的完整认识。但实用主义课程也存在一定的局限性：过分夸大儿童个人经验的重要性，只能使儿童获得一些零碎片段的知识；忽视知识的体系和科学的逻辑结构等，不利于完整地传递人类文化遗产。

综上所述，17世纪到19世纪期间，课程理论体系已经基本形成，并出现了系统化、科学化和专门化的发展方向。

（2）教学思想

教学从中世纪神学控制下摆脱出来，从强迫、压制、摧残儿童的落后状况转变为开始关注

---

① 华东师范大学教育系，杭州大学教育系. 现代西方资产阶级教育思想流派论著选［M］. 北京：人民教育出版社，1996：27.

儿童的身心发展和在学习过程中的主动性，教以学生"百科全书"式的知识，特别是自然科学知识。教学过程走上心理学化的历程，教学方法的直观性、启发性以及班级授课制的建立，都体现出教学的进步。这一时期具有代表性的教学思想有四种。

①夸美纽斯的教学思想。

1632 年，夸美纽斯的《大教学论》出版，这是历史上第一本比较系统、完整地论述教育教学主要问题的著作，标志着教学论成为一门独立的学科。夸美纽斯的教学论是指"把一切事物教给一切人类的全部艺术"，其主要的教学思想体现在四个方面：

第一，教学对象普及化。夸美纽斯提出一个响亮的口号："一切男女青年都应该入学校"，"不仅有钱有势的人的子女应该进学校，而且一切城镇乡村的男女儿童，不分富贵贫贱，同样应该进学校"。①

第二，教学内容"泛智化"。"泛智"即"把一切事物教给一切人类"，夸美纽斯认为，教育应该是周全的，包括"博学""德行""虔信"三个方面。因此，他拟定了一个包括自然、人文、社会、宗教等各方面知识的"百科全书"式的课程体系。

第三，教学原则——"教育适应自然"。教育适应自然的原则是贯穿夸美纽斯整个教育体系的根本性指导原则，主要包含两层意思：一是教育活动应该遵循自然的、普遍的秩序或规律；二是依据人的自然本性和儿童年龄特征进行教育。同时，他还提出了直观性原则、系统性原则、量力性原则、巩固性原则等具体的教学原则。

第四，教学组织——"班级授课制与学年制"。夸美纽斯最早提出并系统论述了班级授课制。在《泛智学校》中他提出了统一的学年制：各年级应在同一时间开学和放假；每年招生一次，学生同时入学，同时升级。

②斯宾塞的教学思想。

斯宾塞的教学思想主要体现在他 1854 年发表的论文《智育》中。第一，提倡教学要符合儿童的思维发展规律和认识能力。斯宾塞反对那种死记硬背的传统教学法，大力推崇从特殊到一般、从具体到抽象的归纳教学法，认为这种教学方法不仅能使学生了解知识的外表、理解知识的实质，还能知晓研究的过程和研究的结论。第二，主张自我教育。斯宾塞认为，"教学工作最重要的原则是使学生能正确地教自己"，为此，他极力要求在教育中给学生"讲的应该尽量少些，引导他们去发现的尽量多些"，引导学生自己进行探讨和推论，巩固所学知识，提高学生学习的主动性。第三，主张教育要符合儿童的兴趣发展。他认为判断某种教育原则和方法是否可行，关键在于它是否在学生中间营造一种愉快和兴奋，是否能使学生产生兴趣和爱好。

斯宾塞主张在教学中通过唤起儿童对问题的兴趣，让儿童通过活动（甚至失败）自己解决问题，以培养儿童的创造性。

---

① 夸美纽斯. 大教学论 [M]. 傅任敢，译. 北京：教育科学出版社，1999：52.

③赫尔巴特的教学思想。

赫尔巴特被称为"现代教育学之父"，1806 年他的《普通教育学》出版，这部划时代的教育巨作，被公认为世界第一部具有科学体系的教育学著作。他将教育理论建立在哲学和心理学基础之上，试图揭示教育、教学的规律，其主要的教学思想有：

第一，"四段教学法"。赫尔巴特认为，教学是一项塑造儿童心灵的艺术。为了探索心灵施教、心灵建设的复杂的程序和艺术，他提出了"四段教学法"理论。第一阶段是"明了"，即让学生清楚、明了地感知新教材；第二阶段是"联合"，即把新获得的观念与旧有的观念联系起来，形成新的观念；第三阶段是"系统"，即在教师指导下学生对已获得的知识进行综合、归纳、概括，做出结论，使之概念化、系统化，并纳入原有的知识体系，以形成组织严密的、更加完整的知识体系；第四阶段是"方法"，即学生通过独立作业，或按教师的指示改正作业，把系统化的知识运用到实际中去。

第二，"教育性教学"原则。赫尔巴特从"美德"教育的目的论出发，在西方教育史上，第一次提出了"教育性教学"原则。他认为，"我想不到有任何无教学的教育。正如反过来，我不承认有任何无教育的教学"，即明确提出传授知识和培养道德是同一过程的两个方面。

④杜威的教学思想。

杜威认为教育即"生活""生长"和"经验改造"。他在实用主义哲学的基础上，创造性地确立了他的教学理论，其教学思想如下：

第一，教育无目的论。杜威认为教育本身没有目的，家长和教师才有目的。杜威批判传统的教育目的，反对外界强加于教育过程的目的，主张教育目的建立在儿童经验的基础上，着眼于现有的秩序，立足于学生的发展特点和年龄特征。

第二，"五步教学法"。杜威认为教学过程是儿童通过亲身实践、探究获取经验的过程，同时也是儿童思维发展的过程。他依据思维发展的五个步骤，把教学划分为五个阶段，即"五步教学法"。第一阶段是教师给学生准备一种真实的经验情景，这是一个与现在生活经验联系的情景，以便学生获得现在生活所要求的经验，与此同时给予一些暗示，使学生能感知到问题的存在；第二阶段是帮助学生确定问题所在，并使学生产生解决这一问题的愿望与要求；第三阶段是让学生占有足够的资料，并帮助学生运用掌握的资料提出创造性地解决问题的办法；第四阶段是帮助学生推断假设是否合理，形成科学的合理化知识；第五阶段是为学生创造应用知识的实际情景。

第三，教学方法——"从做中学"。在经验论的基础上，杜威提出"从做中学"，要求以活动性、经验性的主动作业取代传统的书本式教材的统治地位。

第四，开放式的教学组织形式。杜威对传统的教学组织形式进行了批判，认为班级授课无法调动学生的积极性，约束了学生的创造性思维。他主张在学校设置实验室、商店、菜园、邮局、法庭，同时充分利用化装、表演等活动形式组成儿童学习的情景与内容。

杜威教学理论重视行的问题及实际生活问题的解决，顾及了学生的需求及其兴趣与能力，突破了传统教学的形态，对美国、西欧乃至苏联和我国都产生了深远的影响。

3. 发展期（20世纪以来）的课程与教学思想

（1）课程的独立与繁荣发展

1918年，美国课程论专家博比特出版了《课程》，他主张构建课程的基本原理和采取编制课程的科学方法，这是教育史上第一本课程理论专著，标志着课程成为一门独立的学科。

1949年，泰勒的《课程与教学的基本原理》问世，泰勒认为，开发任何课程和教学计划都必须回答四个基本问题，即学校应该试图达到什么教育目标？提供什么教育经验最有可能达到这些目标？怎样有效组织这些教育经验？我们如何确定这些目标正在得以实现？这四个基本问题构成了著名的"泰勒原理"，它为科学化课程的开发奠定了理论基础。

20世纪60年代以来，课程走向了繁荣发展，众多课程流派出现，课程理论逐渐多元化、深刻化。比较有代表性的有：结构主义课程、实践模式课程、发展主义课程以及人本主义课程。

①结构主义课程。结构主义课程的主要代表人物是布鲁纳，其课程的基本观点有：第一，批判"中间语言"。"中间语言知识谈论学科而不是研习学科。"[1] 布鲁纳认为，"中间语言"课程只重视学科的现成结论，却舍弃了结论的探究过程。第二，在课程内容上，主张以各门学科的基本结构为中心。布鲁纳在《教育过程》中写道："不论我们选教什么学科，务必使学生理解该学科的基本结构。"[2] 所谓学科的基本结构，布鲁纳认为："掌握某一学术领域的基本概念，不但包括掌握一般原理，而且还包括对待学习和调查研究、对待推测和预感、对待独立解决难题的可能性的态度。"[3] 第三，在课程设计上，主张螺旋式课程。所谓螺旋式课程，就是以与儿童的思维方式相符合的形式尽可能地将学科的基本结构置于课程的中心地位，随着年级的提升，使学科的基本结构不断拓广与加深。[4] 第四，提倡发现法学习。发现学习法是指不把学习内容直接呈现给学习者，而是由学习者通过一系列发现行为（如转换、组合、领悟等）获得学习内容、基本结构的方法。

②实践模式课程。实践模式课程由美国著名的课程论专家、生物学家施瓦布提出。施瓦布发表了4篇里程碑式的文章，分别为《实践：课程的语言》《实践2：折中的艺术》《实践3：课程的转化》《实践4：课程教授要做的事》，由此建立了实践模式课程。该课程与传统的课程背道而驰，强调课程的实践价值和动态过程，重视教师和学生在课程开发中的作用。施瓦布认

① 布鲁纳. 教育过程再探 [J]. 邵瑞珍，译. 教育研究，1979（1）：40.
② 布鲁纳. 布鲁纳教育论著选 [M]. 邵瑞珍，译. 北京：人民教育出版社，1989：27.
③ 布鲁纳. 布鲁纳教育论著选 [M]. 邵瑞珍，译. 北京：人民教育出版社，1989：27.
④ 杨钦芬. 小学课程与教学论 [M]. 江苏：南京大学出版社，2017：21.

为，课程是由教师、学生、教材、环境四个要素构成的，这四个要素间持续的相互作用便构成实践性课程的基本内容。① 实践模式课程主张采用"集体审议"的开发方式。所谓课程审议，是指课程开发的主体对具体教育实践情境中的问题进行反复讨论权衡，以获得一致性的理解与解释，最终做出恰当的、一致性的课程变革的决定及相应的策略。② 实践模式课程植根于具体实践情境，教师和学生是课程的主体和创造者，这种因人、因情境不同而进行的课程开发，也被称为"学校本位课程开发"。

③发展主义课程。发展主义课程由苏联著名的教育学家、心理学家赞可夫提出。他以"教育与发展"为课题，进行了长达20年的教育科研与教改实验，形成了著名的发展主义课程。发展主义课程把"一般发展"作为课程的出发点和归宿。所谓"一般发展"，是指智力、情感、意志、品质、性格的发展，即整个个性的发展。其主要观点有：第一，课程内容应有必要的难度；第二，要重视理论知识在教材中的作用，把规律性的知识教给学生；第三，课程教材的进行要有必要的速度；第四，教材的组织要能使学生理解学习过程，即让学生掌握知识之间的相互联系，让学生成为自觉的学习者；第五，课程教材要面向全体学生，特别要促进差生的发展。

④人本主义课程。人本主义课程建立在人本主义心理学的基础之上，在批判结构主义理论的过程中，由人本主义教育学家、心理学家罗杰斯创立。人本主义课程的基本主张有：第一，课程目的，满足学生自由发展和自我实现需要，强调学生间情感的交互作用，鼓励学生的自我实现，允许学生自由表达、做实验、犯错误、寻找反馈、发现自我；第二，课程的组织，批评传统课程的学科逻辑，认为应从学生的个性与完整性出发，主张课程的综合；第三，课程的实施，要求在学生与教师之间建立起情感关系的背景下实施课程，课程是要依靠师生相互信任推动的，教师相信每一个学生都能学会、都能成功，不勉强学生做任何不情愿的事情；第四，课程的评价，反对与个人自由发展的理想相冲突的各种测量和考试，注重课程是否有助于使学生成为更加开放、更加独立的人，注重教师和学生对课程的主观评估。

（2）教学的发展

20世纪以来，教学出现多元化的发展趋势，教学越来越民主化和人文化，并越来越依赖于心理学基础，教学问题扩展到价值领域。在世界范围内形成了诸多的教学理论流派，比较有代表性的理论流派有：赞可夫的发展性教学理论、瓦根舍因的范例教学、建构主义教学论、罗杰斯的非指导性教学模式。

①赞可夫的发展性教学理论。赞可夫毕生致力于教学与发展问题的实验研究，他创立的"发展性教学理论"被誉为现代教学三大流派之一。他以唯物辩证法为教学论的指导思想，揭

---

① 杨钦芬. 小学课程与教学论 ［M］. 江苏：南京大学出版社，2017：22.
② 汪霞. 小学课程与教学论 ［M］. 上海：华东师范大学出版社，2011：18.

示了教学结构与学生发展进程之间的因果联系，提出了在教学实践中促进儿童一般发展的基本观点。赞可夫依据发展性教学理论提出了五条教学原则，即以高难度进行教学的原则、以高速度进行教学的原则、理论知识起主导作用的原则、使学生理解学习过程的原则以及使全体学生都得到一般发展的原则。

②瓦根舍因的范例教学。范例教学是指借助精选教材中的示范性材料使学生从个别到一般，掌握带规律性的知识，并发展其能力的一种教学模式。范例教学法可归纳为教学内容的"三个特性"、教学要求的"四个统一"和教学过程中的"四个阶段"。

范例教学内容的"三个特性"。一是基本性，即教学应传授给学生基本概念、基本原理和基本规律等基本知识，使学生掌握学科的基本结构；二是基础性，即教学内容的选择要符合学生生活实际、智力发展水平和已有的知识经验积累等；三是范例性，即教学内容是经过精选的、基本性和基础性的知识，并能起示范作用，从而使学生能够举一反三、触类旁通。

范例教学要求的"四个统一"。一是教学与教育相统一，即寓教学于教育，坚持教学的教育性。二是问题解决学习与系统学习相统一，即教学中既要针对学生存在的问题，形成一个个课题，从这些课题出发，围绕课题，解决课题，也要保证学生所学知识的系统性、严密性和完整性。三是掌握知识与培养能力相统一，即既要向学习者传授知识技能，又要培养他们思考、学习的方法。四是主体与客体相统一，主体指的是学习者，客体指的是教材。教师在教学过程中，既要充分了解学习者的知识水平、智力水平和个性特征，同时也要了解教材、熟悉教材、掌握教材。只有将这两方面结合起来，教师才能充分激发学习者的学习兴趣，调动他们的积极性和主动性。

范例教学过程中的"四个阶段"。第一阶段，范例性地阐明"个"，即教师利用典型的事例来说明其整体特性，让学习者掌握事物的本质特征；第二阶段，范例性地阐明"类"，即对所获得的知识进行归类、整理，实现从"个"到"类"的学习迁移，总结、掌握这一类事物的普遍特征；第三阶段，范例性地掌握规律、范畴性关系，即进一步归纳探究，掌握事物发展的规律性；第四阶段，范例性地获得关于世界的切身经验，即在前三个阶段的基础上，获得关于世界的、生活的经验，从而更深刻地了解世界，最终认识自己，提升自己。

③建构主义教学论。建构主义教学论以学习论为基础，主要包括教学目标、教学原则、教学模式、教学设计等方面。

关于教学目标，建构主义教学论提出要尊重学生的主体性，强调以学生为中心，强调学生对知识的主动探索、主动发现和对所学知识意义的主动建构。

建构主义所倡导的教学原则有：第一，所有的学习任务都是为了更有效地适应对现实世界的学习；第二，教与学的目标应该相吻合，教师确定的问题就是学生自己的问题；第三，在课堂教学中，使用真实的任务和日常活动，使学生获得多重知识技能；第四，教学设计能够反映学生在学习结束后可以从事有效行动的复杂环境；第五，给予学生解决问题的自主权；第六，教学设计支持激发学生思维的学习环境。

建构主义教学论提出了多种教学模式。一是交互式教学模式。交互式教学模式的教学目标主要是帮助学生形成学习动机，同时训练学生的阅读策略，教学重点放在基本概念、基本原理及变异过程的教学上。二是认知学徒式教学模式。它非常重视有效教学的教学策略，如为增进学生对教学内容的理解，提出了增加内容的复杂程度、增加内容的多样性、首先传授最高水平的技能三种策略；为促使个体学习的社会化，提出了情境学习、模拟、专家实践的文化群体、内在动机、合作五种策略。三是抛锚式教学模式。它强调学习应着眼于解决生活中的实际问题，学习过程应在实际中进行，学习效果应在具体情境中评估等。四是问题解决式教学模式。它强调让学生理解知识的方式，通过学生在学习中发现问题，形成认知冲突，然后去探索问题，解决认知冲突。

建构主义教学设计：分析教学目标—创设情境—设计信息资源—设计学生自主学习—设计协作学习环境—设计学习效果评价。

④罗杰斯的非指导性教学模式。"非指导"是与传统教学中的主要特征——指导性相反的，是罗杰斯用于促成个体"自我实现"的教学策略，"非指导"不是"不指导"，而是"不明确的指导"，即要讲究指导的艺术。

非指导性教学的目标在于促进学习，是帮助学生达到更大程度的个人统合、有效性和现实的自我鉴定。教师的教学目标就是创造一种学习环境，以利于激发、考核和评价种种新出现的知觉的过程，帮助学生理解自己的需要和价值，以便能有效地指导他们的教育决策。

非指导性教学的原则有：首先要建立无条件关怀的真诚人际关系。教师在教学中必须要有安全感，信任学生，同时感到学生同样也信任教师，不能把学生当成敌人倍加提防，课堂气氛必须是融洽的、诚意的、开放的、相互支持的。其次，教师是促进者，只做非指导性应答。罗杰斯认为，教师在学习中应担当促进者、帮助者、辅助者、合作者和朋友等角色。

非指导性教学的学习评价主要是学生的自我评价。测量学习进步的标准在质而不在量，而每个学生的学习目标都是自己制定的，所以只有自己才能做出最恰当的评价。这种自我评价使学生更能为自己的学习负起责任，从而更加主动、有效、持久地学习。

（二）我国课程与教学的发展

1. 萌芽期：古代课程与教学的思想

（1）我国古代的学校课程

在我国，从夏商周到清末新式学堂兴办之前，学校都是实施古代课程。

在西周，就有了一套完整的课程，礼、乐、射、御、书、数，即"六艺"。春秋战国时期，儒家私学的课程成为先秦课程的主导。孔子整理而传授了《诗》《书》《礼》《乐》《易》《春秋》等儒家古籍，即"六经"。后来，《乐》经散失，只留下"五经"，"五经"课程在我国古代学校教育中作为最基本的教材一直沿用了两千多年。

宋代的朱熹是理学的集大成者，他在撰写《四书章句集注》时，将《大学》《中庸》《论语》《孟子》合称为"四书"，并为"四书"详加注释，"四书"与"五经"，成为封建社会后期学校的标准课程和教材，并成为元、明、清三代科举考试的唯一依据。

我国古代，儿童长期用来学习的教材是"三、百、千、千"，即《三字经》《百家姓》《千字文》《千家诗》。

我国古代课程的特点有：第一，流派众多，儒学为主；第二，重文化知识教育，轻自然科学教育；第三，重德育、智育，轻体育、美育。

（2）我国古代的教学

春秋战国时期，官学衰败，私学兴起，诸子百家彼此诘难、相互争鸣，盛况空前。以孔子为代表的儒家文化，对于中国文化教育的发展，产生了极其深刻的影响。孔子从探讨人的本性入手，认为人的先天本性相差不大，个性差异主要是后天形成的（"性相近也，习相远也"），所以，他注重后天的教育，主张"有教无类"。他最早提出启发式教学，他说："不愤不启，不悱不发。举一隅不以三隅反，则不复也。"他强调学、思、行并重，他说："学而不思则罔，思而不学则殆。"他强调因材施教，他说："求也退，故进之；由也兼人，故退之。"他要求学生对待学习要有谦虚笃实的态度，他说："知之为知之，不知为不知，是知也。"

《学记》是世界上最早的课程与教学理论专著。该书系统地总结了先秦时期儒家教育和教学活动的理论，提出了教学相长的辩证关系和"师严然后道尊"的教师观。主张启发式教学，"君子之教，喻也；道而弗牵，强而弗抑，开而弗达"。主张课内与课外相结合，"时教必有正业，退息必有居学"。主张循序渐进，"学不躐等"。表明教育有关键期和最佳期，要符合人的身心发展的顺序性规律，遵循循序渐进的教学原则，要相互观摩、互相效法学习，"禁于未发之谓豫；当其可之谓时；不陵节而施之谓孙；相观而善之谓摩。"

南宋著名的思想家、教育家，集理学之大成者朱熹提出了七大教学原则：自觉积极、循序渐进、博学熟读、理解钻研、明辨善疑、吐故纳新、力行实践。

综上所述，我国古代教学的原则主要有：因材施教、启发诱导、循序渐进、温故知新、尊德性而道学问、知行结合。学习的方法主要有：学、问、思、辨、习、行。

2. 形成期：现代课程与教学思想

（1）课程论已具雏形

我国现代课程最初主要从西方借鉴而来。1876年，京师同文馆设置的八年课程和五年课程是我国最早带有现代色彩的课程。它是我国历史上分年课程设置的开始，增加了现代自然科学和一些实用技术类的课程，对克服封建教育的弊端有积极意义。如表1-1、表1-2所示。

 资料链接

表 1-1 京师同文馆八年课程表（1876 年）[①]

时间	课程内容
首年	认字写字；浅解辞句；讲解浅书
二年	讲解浅书；练习文法；翻译条子
三年	讲各国地图；读各国史略；翻译选编
四年	数理启蒙；代数学；翻译公文
五年	讲求格物；几何原本；平三角、弧三角；练习译书
六年	讲求机器；微分积分；航海测算；练习译书
七年	讲求化学、天文测算、万国公法、练习译书
八年	天文测算、地理金石、富国策、练习译书

表 1-2 京师同文馆五年课程表（1876 年）[②]

时间	课程内容
首年	数理启蒙、九章算法、代数学
二年	学四元解、几何原本、平三角、弧三角
三年	格物入门、兼讲化学、重学测算
四年	微分积分、航海测算、天文测算、讲求机器
五年	万国公法、天文测算、富国策、地理金石

　　1904 年，清政府颁布并推行了"癸卯学制"，又称《奏定学堂章程》，以日本学制为蓝本制定的，是中国实行的第一个现代学制。该学制体现了"中学为体，西学为用"的思想，具有鲜明的改良主义性质，是封建主义的儒家思想和近代自然科学的教育内容相结合的课程体系。

　　辛亥革命胜利后，古代课程彻底退出了历史舞台，现代课程开始全面实施。我国于 1912 年至 1913 年颁布了"壬子癸丑学制"，该学制反映了资产阶级的要求，第一次规定男女同校，

---

① 吕达. 中国近代课程史论［M］. 北京：人民教育出版社，1994：54-55.
② 吕达. 中国近代课程史论［M］. 北京：人民教育出版社，1994：54-55.

废止读经，充实自然科学内容，将学堂改为学校，开设了"国文、修身、外国语、历史、地理、算学、博物、理化、法制经济、图画、手工、家政（女）、缝纫（女）、音乐、体操"等课程。

移植西方近代课程，借鉴西方国家的经验，是我国现代学校课程的一大进步，但也有"简单取法"之嫌。

（2）我国现代教学发展

继承传统、汲取西方，使我国现代教学突破了传统的理论框架，开始了由旧到新的转化，并构建了中西互补的近代教学理论体系。清末，朱孔文编写出我国现代第一本教学论著作《教授法通论》。1919 年 2 月，陶行知发表《教学合一》，提出：教师的责任在教学生学；教师教的法子必须根据学的法子；教师需一面教一面学；主张教学合一，反对教学分离；教与学是师生的共同活动，是教学论的起点；离开了教师的教与学生的学，就谈不上有教学。这是他教学理论的根本。我国现代还编辑出版了许多教学论专著和教材，发表了大量教学论文章，它们是教学论学科正式建立和理论探讨深化的重要标志。

3. 发展期：当代课程与教学的思想

（1）课程的发展

自新中国成立至 1978 年，我国的课程经历了一个曲折的发展过程。这时期关于课程的研究少之又少，以引进学习苏联凯洛夫的课程理论为主，重视"双基"教育，重视政治类、劳动类课程，强调全国实行统一的课程，强调必修课，排斥选修课。

改革开放以后，我国的课程进入飞速发展时期，关于课程的研究不断增多。1981 年，我国《课程·教材·教法》杂志创刊，一些课程译著与专著纷纷问世，课程研究论文也不断涌现。1989 年我国正式出版两种有代表性的课程论著作：陈侠著的《课程论》，钟启泉编著的《现代课程论》。此后，一大批课程论专著相继出版。1990 年 10 月，我国第一次在课程领域主办"课程发展与社会进步国际研讨会"国际性学术研讨会，这标志着课程改革问题在我国受到了空前的重视。1997 年 3 月，我国第一个专门从事课程研究的学术性团体——全国课程专业委员会正式成立，这表明课程论作为教育学的一个正式分支学科已完成重建。《中共中央国务院关于深化教育改革，全面推进素质教育的决定》（1999）、《基础教育课程改革纲要》（2001）、《国务院关于基础教育改革与发展的决定》（2001）等一系列教育改革文件的颁布出台都与课程有关，归根结底都是课程发展的成果。

随着课程论研究的不断深入，当代课程门类众多，以分科为主，并增设综合课程；各科课程比重趋于合理；课程实施既有统一性又有灵活性；课程评价与课程管理也更加科学化。

（2）教学的发展

改革开放以来，我国教学论从反思重建、全面引进、综合创建三方面展开，进入了新的发展阶段，取得了辉煌的成就。①反思重建。教学论的发展与反思是分不开的，广大教育工作者，总结了新中国成立以来的教学经验教训，开始了教学论的恢复重建工作。如师范院校恢复教学论课程、教学实验，开展教学基本问题的研讨，扩大教学论队伍等。②全面引进。在对外开放的背景下，全面引进了苏联、美国等国的当代教学理论，对我国教学论的发展产生了深远的影响。③综合创建。在反思和引进的基础上，我国教学论经历了创建和深刻的变革发展，教学领域的新观念、新思想和新现象层出不穷。如提倡多元化的教学目标、整合的教学内容、构建的知识学习、互动的教学活动、自主探究的学习方式、多样化的学习手段、发展性的教学评价等。

第二节 课程与教学论的学习方法

一 学思结合，掌握学科基本结构

掌握课程基本结构是学好一门课程的关键。所谓课程基本结构是指一门课程的基本概念、原理、方法和价值观。学习这门课程，首先，要掌握这门课程的概念、原理、方法和价值观，并把它们内化到自己的认知结构中去。其次，要掌握这门课程的一般专业技能，如课程与教学目标的设计、教学的组织与实施、教材的编写、课程与教学的评价等。

孔子曾提出"学而不思则罔，思而不学则殆"，学思结合是学习课程与教学的可行之道。首先，学必有思。掌握知识需要积极的思考，在学习过程中要充分运用分析、对比、归纳、概括等思维活动，在有效思考和理解的基础上接受知识。其次，以学促思。学习的过程不仅是接受知识的过程，同时也是不断产生疑问的过程，疑问解决以后，最终才能达到融会贯通。

二 理论联系实际，注重学以致用

理论联系实际是马克思主义认识论和辩证法，也是现代教学的主要原则。小学课程与教学理论性强同时具有鲜明的实践指向：理论性主要表现为课程的概念、原理、方法和价值观等多以相对抽象和概括的知识体系呈现；实践性表现为课程的实施涵盖课程目标选择、校本课程开发、教学内容组织、教学方案设计、课堂教学实施、教学管理与评价等实践环节。要掌握这些知识，在学习过程中，切勿纸上谈兵，必须坚持理论联系实际，学以致用。

一是要积极运用实际经验来阐释和理解理论，即借助个人经验、典型案例和现实情境等，促进对概念和原理的把握。

二是要学以致用，以学促行，即关注教育现实，努力运用所学理论去分析和解决现实问题。

三 拓展学习，丰富课程知识

要学习好小学课程与教学，除了上面提及的"学思结合，掌握学科基本结构""理论联系实际，注重学以致用"外，还应拓展学习范围，丰富学科知识，即通过大量的课外学习来丰富和扩展课内学习内容。如何进行拓展学习呢？

一是阅读课程与教学的相关著作。古今中外的教育学名著对课程与教学问题都有经典的讨论，具有很高的学术价值，有些甚至在课程与教学领域具有里程碑的意义。例如，柏拉图的《理想国》、夸美纽斯的《大教学论》、赫尔巴特的《普通教育学》、泰勒的《课程与教学的基本原理》、杜威的《民主主义与教育》、赞可夫的《教学与发展》等著作都具有丰富的课程与教学论思想。研读名著能感受教育学家的学术思想和独特方法，帮助我们更好地理解课程与教学的原理，提升思想认识和学术境界。此外，心理学及其他分支学科的著作，也是学习课程与教学很好的参考材料，应多了解和阅读。

二是多看专业杂志，了解课程与教学的前沿动态。教材反映的是课程比较稳定的专业知识，对最新的学术动态则难以涉及。多看专业杂志，及时了解课程与教学的最新进展，可以丰富、深化和补充课内学习。

本章知识结构导图

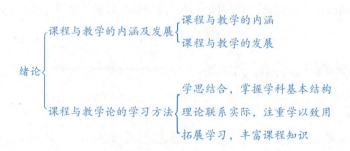

📖 **历年真题**

1.【2015年下】按照美国心理学者古德莱德的课程层次理论，由研究机构、学术团体和专家提出的课程属于（　　）。

　　A. 理想的课程　　　　　　　　B. 正式的课程

　　C. 领悟的课程　　　　　　　　D. 运作的课程

2.【2016年上】按照美国学者古德莱德的课程层次理论，教师在课堂教学中具体实施的课程属于（　　）。

　　A. 理想的课程　　　　　　　　B. 正式的课程

　　C. 领悟的课程　　　　　　　　D. 运作的课程

3.【2017年上】课程是"组织起来的教育内容"。最早提出这一观点的是（　　）。

　　A. 斯宾塞　　　　　　　　　　B. 布鲁纳

　　C. 赫尔巴特　　　　　　　　　D. 夸美纽斯

4.【2018年下】明确指出教学就是"把一切事物教给一切人类的全部艺术"的著作是（　　）。

　　A. 赫尔巴特的《普通教育学》　　B. 卢梭的《爱弥尔》

　　C. 夸美纽斯的《大教学论》　　　D. 洛克的《教育漫话》

5.【2019年上】按照美国学者古德莱德的课程层次理论，由教育行政部门制定的课程计划属于（　　）。

　　A. 理想的课程　　　　　　　　B. 正式的课程

　　C. 领悟的课程　　　　　　　　D. 运作的课程

📁 **知识点检测**

1. 课程与教学的内涵是什么？

2. 课程与教学的关系有哪些？

3. 20世纪以来，西方主要的课程与教学思想有哪些？

4. 我国古代的课程与教学思想有哪些？

参考答案

小学课程目标与课程内容

 学习目标

+ 明确课程目标含义、取向，课程目标的表述方式；
+ 理解课程目标的分类及其运用；
+ 掌握课程内容的含义、取向、组织原则及小学课程内容的特点。

 案例导入

我们究竟要培养什么样的人①

师：同学们，今天的晨会方老师想问问大家长大了想做什么？哪个小朋友先来说说呀？

（学生们争先恐后地举起了小手。）

生：老师，我想当一名科学家，我想发明一种机器人。

生：老师，我想做一名音乐家，我最喜欢上音乐课了。

生：老师，我长大了要当一名警察，我抓好多好多坏蛋呢。

学生们说了许多职业，我听了很满意。这时，我看到教室角落里，有一只不常见的小手拼命往空中伸着，哦，原来是班里的后进生，余小斌。我立刻叫了他。

师：余小斌，你来说说，你长大了想做什么？

余：我长大了要当一名清洁工！

师：你怎么会想到要做清洁工呢？

余：老师说过，清洁工也是很了不起的。

师：……（我一时无言以对，闹了半天，罪魁祸首是我自己啊！）

我被他的回答激怒了，厉声说道："老师说清洁工人了不起是希望你们尊敬那些叔叔阿姨，

---

① 余文森，吴刚平. 新课程的深化与反思 [M]. 北京：首都师范大学出版社，2004：7-8.

像他们一样保护好我们的环境。不是让你们把清洁工当作理想，你应该有一个了不起的理想才对。再想想。好，现在下课！"

回到办公室，我陷入了困惑。难道是我的工作有问题？我的教育有毛病？"清洁工也很了不起"是上星期班会课上，为了教育孩子们在校内外都不能乱丢果皮纸屑时提出来的。唉，我怎么会说清洁工了不起呢？说很辛苦不就行了，早知如此，真不该说那句话。

可是，清洁工是一种怎样的职业呢？该如何看待它呢？我说它了不起是为了培养学生具有平等待人的优良品格，这难道错了？既然没错，我又为什么对余小斌的回答生气呢？我应该肯定他才对啊。可是，难道真要让我的学生将来去做一名清洁工吗？这怎么行呢？既然这样，我又为什么要在学生面前赞扬清洁工呢？

我陷入了无尽的困惑，犹如进入了一个死胡同，任凭我冥思苦想，也不得其出路。

"三百六十行，行行出状元。"在小学的教材里经常会呈现诸如售票员李素丽、铁人王进喜等优秀人物的事迹，因此，在小学生的价值观念里，每一个行业都是高尚的。然而，随着社会的进步，经济的发展，就部分人而言，对物质和利益的追求成了一个上位目标，这样就出现了案例中老师纠结于成为清洁工人是否属于崇高的理想这一困惑。这样的困惑在我们制定课程目标的过程中也会经常遇到。什么样的目标才是有价值的？用什么标准来衡量其价值？由谁来衡量？这些都是需要我们进一步探讨的问题。

课程目标和内容是课程与教学的核心和关键，是开展课程与教学活动的重要前提和条件。课程目标指明课程编制工作的方向，有助于课程内容的选择和组织。只有解决了课程目标是什么及为什么要教的问题，才能更好地理解教什么的问题即课程内容问题。怎样确定课程目标，怎样选择课程内容，一直是课程研究的基本问题。

第一节　小学课程目标

一　课程目标的含义

宗旨（方针）、目的和目标是具有内在的联系的。从宗旨到目的再到目标是一个逐渐具体的过程。

教育方针是国家根据政治、经济、文化发展的要求，实现教育目的所规定的教育工作的总方向，内容包括教育指导思想、培养人才的规格及实现教育目的的基本途径等。它具有较强的理想色彩，是教育的价值追求。教育目的是社会对教育所培育的人才的总要求，它规定了人的质量规格和基本素质，它受到社会制度、经济发展、民族文化传统和教育思想等多种因素的影响。培养目标是各级各类学校、各专业的培养要求。课程目标是根据教育宗旨和教育规律提出的课程的具体价值和任务指标，是对教育方针和教育目的的反映。每一门课程既有一般性的总体目标，又有具体化的学段目标。《义务教育数学课程标准（2022 年版）》明确提出了义务教育数学的总目标，将义务教育划分为四个学段。其中，"六三"学制 1—2 年级为第一学段，3—4 年级为第二学段，5—6 年级为第三学段，7—9 年级为第四学段。在总目标下，又有学段目标，分别从知识技能、数学思维、问题解决、情感态度等方面加以阐述。

总而言之，教育方针（教育宗旨）是教育活动的最高层次，对其他的目标起着统领、支配和制约的作用，而之后的教育目的、培养目标、课程目标分别是其具体化和操作化。教育目的、培养目标、课程目标的关系如图 2-1 所示：

图 2-1　教育目的、培养目标和课程目标的关系

课程目标具有整体性、连续性、层次性和积累性等特点。整体性是指各类目标彼此之间相互关联，有着千丝万缕的联系；连续性是指高年级的课程目标是低年级课程目标的连续发展和深化；层次性是指不同学段的课程目标之间有层次差异；积累性是指没有低年级课程目标的积累，就难以达到高年级的课程目标。

 资料链接

美国一份关于课程目标的报告[1]

1991 年，美国劳工部获取必须技能部长委员会发布了关于 2000 年的报告《要求学校做什么样的工作》，提出了一些与学校课程培养目标相关的能力培养要求。他们的调查研究表明，工作岗位技能体现在两个方面：能力和基础。他们提出了处于核心地位的五种能力以及三方面的技能和个性品质基础的要求。这八种要求对所有学生都是极为重要的。

---

[1]　张廷凯. 新课程设计的变革 [M]. 北京：人民教育出版社，2003.

五种能力是：（1）资源：约定、组织、规划和分配资源；（2）人际关系：与他人共同工作；（3）信息：获取和使用信息；（4）系统：理解复杂的相互关系；（5）技术：运用多种技术工作。

三方面的技能和个性品质基础是：（1）基本技能：读、写、完成算术和数学运算、听和说；（2）思维技能：创造性思考，做出决策，解决问题，想象、指导如何学习和进行推理；（3）个性品质：有责任感、自尊、有社交能力、自我管理、正直和诚实。

上述案例，是美国重视课程目标研究的一个具体例子。的确，在整个教育体系中，确定课程目标具有举足轻重的意义。课程目标有助于指明课程编制工作的方向，有助于课程内容的选择与组织，并可作为课程实施的依据和课程评价的准则。只有解决了课程目标是什么或为什么要教的问题，才能解决应该教什么的问题即课程内容问题。因此，怎样确定课程目标，怎样选择课程内容，这是课程理论和课程改革的基本问题。

二　课程目标的分类

（一）课程目标的取向分类

根据课程目标所蕴含的指导思想或者预设的价值观的不同，可以将课程目标分为四种类型：普遍性目标、行为性目标、生成性目标和表现性目标。

1. 普遍性目标

普遍性目标就是依据一定的哲学观或伦理观、意识形态、社会政治需要引出的对课程进行原则性规范或总括性指导的目标。中国古代的《大学》提出格物、致知、诚意、正心、修身、齐家、治国、平天下的教育宗旨，就是典型的普遍性目标。在西方，如柏拉图提出培养哲学王，英国的绅士教育，斯宾塞的为完满生活做准备的教育等，都是普遍性目标。具体的某门课程也有普遍性目标。如《义务教育语文课程标准（2022年版）》中列举的"在语文学习过程中，培养爱国主义、集体主义、社会主义思想道德，逐步形成正确的世界观、人生观、价值观"，就是义务教育语文课程的普遍性目标。

普遍性目标具有普遍性、模糊性、规范性的特点。这些特点主要体现了课程目标的一般性原则，为教育工作者的创造性工作提供了广阔的空间，可以普遍应用于具体教育教学实践。但这种目标的模糊性会带来一定的随意性。

2. 行为性目标

行为性目标是以具体的、可操作性的、可观测行为的形式来陈述的课程目标，它关注的是课程与教学活动结束后学生所发生的行为变化。这种目标的特点是目标的精确性、具体性和可操作性。如《义务教育语文课程标准（2022年版）》中列举的"学会汉语拼音。能读准声母、韵母、声调和整体认读音节。能准确地拼读音节，正确书写声母、韵母和音节。认识大写字母，熟记《汉语拼音字母表》"。"行为目标之父"泰勒认为，每一个目标都应该包括行为和目标两个方面。他强调用行为方式来陈述目标。由于泰勒课程原理的不断影响，行为目标逐渐成为课程目标的代名词，并且认为目标越具体越好。20世纪中叶以后，布卢姆等继承并发展了泰勒的行为目标思想，首次在教育领域建立起教育目标分类学，把行为目标的研究发展到新阶段。

行为性目标的优点是目标具体、可操作、容易评估。但它也有局限性，具体表现在三个方面：第一，只强调可以明确识别的要素，忽略了难以测评、难以转化为行为的目标，如学生的情感、态度、价值观、审美情趣等。第二，把学习分解为各个独立的部分，没有把学习看成一个整体，不利于促进学生全面发展。第三，人的行为是主体的行为，带有很大的创造性，具有很大程度的不可预知性。行为性目标有可能割裂目标与手段、结果与过程间的有机联系。

3. 生成性目标

生成性目标又称为"形成性目标""展开性目标"。它是在教育情境中随着教育过程的展开自然生成的课程目标。如果说行为性目标关注的是结果，那么生成性目标注重的是过程。

生成性目标的思想最早可以追溯到杜威的"教育即生长"命题。目标存在于教育过程中，课程的目标就是不断促进儿童经验的生长。英国著名课程论专家斯坦豪斯认为，学校教育是由技能的掌握、知识的获得、社会价值和规范的确立、思想体力的形成四个不同的过程构成的。如果前两个过程还可以用行为陈述的话，那后两个过程肯定行不通。因此，课程不应该以事先规定的目标为中心，而应该以过程为中心，即要根据学生在课堂的实际学习情况展开。

生成性目标的优点是强调教育过程中学生在与教育情境的交互作用中所产生的属于自己的目标，并不是教育者代表社会所强加给学生的。学生有权利自己选择要学的东西，同时，教师也从目标的束缚中解放出来，师生的主动性都得到发挥。但这一目标也有明显的缺陷：一是教师没有经过课程与教学的严格训练，很难在课程与教学活动中发挥出同学生交流、对话、引导的水平。二是即使教师受到专业训练，在采用时也是非常困难的。教学方法的选择，教学时间的控制，社会、家长对学生学习的要求等，会阻碍教学过程中目标的生成与发展。三是在漫无目标的教育过程中，学生的现有状况并不一定能把握住哪些知识对自己是有价值的。

4. 表现性目标

表现性目标是指学生在具体教育情境的各种相互作用中所产生的个性化表现。表现性目标是美国学者艾斯纳在批判行为目标的过程中提出的一种课程目标形式。与行为目标不同的是，它关注的是学生在活动中表现出来的某种程度上首创性的反应形式，而不是事先规定的结果。它为学生提供了活动的领域，至于结果则是开放的。因此，在表现性目标中，教师的期待不是学生一致性的反应，而是多样性的、个性化反应。表现性目标的特点是个性化、开放性。典型的表现性目标，如"考察和评价《老人与海》重要意义""在一个星期内读完《红与黑》，讨论并列出你印象最深的五件事""参观动物园，讨论你在那看到的有趣的事情"等等。

通过分析可以看出，上述四种课程目标各有特点。普遍性目标和行为性目标都是以"社会为本"的，属于控制本位，只不过行为性目标借助了科学手段，而普遍性目标出于前科学的经验描述水平。生成性目标与表现性目标则是向着人的自身发展方向的"以人为本"理念的表现，强调学习者与情境的交互作用，强调目标与手段的关联性、过程与结果的连续性，强调教师与学生在课程与教学中的主动性和创造性表现，以人的个性解放为最高追求。所以，以上四种取向的目标各有存在的价值及其合理性，但又不可避免地存在一些弊端。每一种目标在解决某类目标时较为有效，同时，也必然产生一些难免的副作用，我们应该综合使用，互为补充，扬长避短，使其各自发挥特长。

（二）我国课改下的三维目标

2001 年 6 月，教育部颁发了《基础教育课程改革纲要（试行）》，正式提出了我国基础教育课程与教学的"三维目标"，三维目标的内涵包含知识与技能、过程与方法、情感态度与价值观三个层面。

知识是人们在改造世界的实践中获得的认识和经验的总和，包括学科知识（教材中的间接知识）、意会知识（生活经验和社会经验等）、信息知识（通过多种信息渠道获得的知识）。但主要是指学生要学的学科知识，如事实、概念、原理、规律等。技能是指通过练习形成的对完成某种任务所必需的活动方式，一般分为智力技能和动作技能。知识和技能是使某一学科领域得以确立的基本组成部分，两者缺一不可。

过程与方法目标是本轮基础教育课程改革的创新。过程是为达到课程目标而必须经历的活动程序，方法是为完成某一任务而采用的行为或操作体系，这里主要指学生的学习方法。过程与方法目标最重要的特征是亲历体验。

情感态度与价值观，是人对亲身经历事实的体验性认识及由此产生的态度、行为、习惯。情感是人的社会性需要是否得到满足时所产生的态度体验，这种体验是比较稳定的。它分为积极情感和消极情感。态度是在一定情境下，个体对人、事件或物，以特定的方式进行反映的一种心理倾向。价值观是对某一知识、事物的价值判断，是对其有用没用、有多大用处等认识的价值取向。情感决定并形成态度，态度体现情感。积极的情感形成正确的态度，消极的情感形成错误的态度。教师的责任就是要指导学生用积极的情感战胜消极的情感，用科学的态度克服消极的态度，并逐步形成良好的行为习惯。情感和态度是价值观形成的基础，没有积极的情感和正确的态度就不会形成科学的价值观；价值观是情感和态度的升华，并决定了人们的情感和态度。

三维目标之间存在紧密的联系，知识与技能、过程与方法、情感态度与价值观是一个相互联系、相互渗透的整体，是一个完整的人在学习活动中实现素质建构的三个侧面。首先，知识与技能目标是达成过程与方法目标、情感态度与价值观目标的基础。知识与技能的获得，是学生发展的基本条件，贯穿整个课程改革的始终。其次，过程与方法是掌握知识与技能以及形成情感态度与价值观的中介机制，也是实现三维目标的关键。最后，情感态度与价值观目标是掌握相应的知识与技能、逐步形成科学的过程与方法的动力，它对后面两个目标有明显的调控作用。情感态度与价值观目标的实现既依赖于知识与技能、过程与方法目标的实现，又为它们提供支持。积极的情感和态度能在探索知识与技能的过程与方法中起到巨大的推动作用，良好的知识与技能、过程与方法又反作用于情感态度与价值观。

（三）基于核心素养下的课程目标

随着信息化时代和创新经济模式的到来，越来越多的工作类型要求个体能够应对陌生的挑战性情境，处理复杂多变的任务。在这样一种环境中，全球许多国家（地区）和国际组织都在思考，如何培养未来的公民，以使其能够更好地适应 21 世纪的工作和生活（表 2-1）。21 世纪技能、21 世纪核心素养、关键素养、共通能力等理念，都反映了他们对于未来公民形象的追问。这些理念甚至成为许多国家和地区制定教育政策、开展课程与教学改革的基

从"总统学者奖"看美国基础教育培养目标

础。面对日益激烈的国际竞争，我国要深入实施人才强国战略，提升教育国际竞争力，也必须重新考虑课程与教学目标的定位。近年来，素质教育取得显著成效，但也存在课程教材的系统性、适宜性不强的问题：中小学课程目标有机衔接不够，部分学科内容交叉重复，学生的社会责任感、创新精神和实践能力较为薄弱等。要解决这些问题，关键是进一步丰富素质教育的内涵，建立以"学生核心素养"为统领的课程体系和评价标准，树立科学的教育质量观。

表 2-1　部分国际组织和国家（地区）界定的核心素养体系

国际组织和国家（地区）	核心素养维度	内涵
世界经合组织	互动地使用工具	互动地使用工具；互动地使用语言、符号和文本；互动地使用知识与信息；互动地使用新技术
	在异质群体中互动	与他人建立良好的关系；团队合作；管理和解决冲突
	自主行动	在复杂的大环境中行动；形成并执行个人计划或生活规划；保护及维护权利、利益、限制和需求

续表

国际组织和国家（地区）	核心素养维度	内涵
中国台湾	自主行动力	身心素质与自我精进；系统思考与解决问题；规划执行与创新应变
	沟通动力	符号运用与沟通表达；科技信息与媒体素养；艺术涵养与美感素养
	社会参与力	社会参与力；道德实践与公民意识；人际关系与团队合作
美国	学习与创新技能	创新能力；批判性思维和问题解决能力；交流与合作能力
	媒体与技术技能	信息交流和科技素养；媒体素养等
	生活与职业技能	灵活性与适应性；社会和跨文化技能；工作效率与胜任工作能力；领导能力和责任能力等
欧盟	使用母语交流；使用外语交流；数学素养与基本的科学技术素养；数字素养；学会学习；社会与公民素养；主动意识与创业精神；文化意识与表达	
联合国教科文组织	身体健康；社会情绪；文化艺术；文字沟通；学习方法与认知；数字与数学；科学与技术	

在这一背景下，《中国学生发展核心素养》于 2016 年 9 月 13 日正式发布，确立了我国学生发展的核心素养。所谓学生发展核心素养是指学生在接受相应学段的教育过程中，逐步形成的适应个人终身发展和社会发展需要的必备品格和关键能力，[①] 是关于学生知识、技能、情感、态度、价值观等多方面要求的综合表现。

核心素养以培养"全面发展的人"为核心，分为文化基础、自主发展、社会参与三个方面，综合表现为以下六大素养（如图 2-2）：一是人文底蕴。主要指学生在学习、理解、运用人文领域知识和技能等方面形成的基本能力、情感态度和价值取向，具体包括人文积淀、人文情怀和审美情趣等基本要点。二是科学精神。主要是学生在学习、理解、运用科学知识和技能等方面形成的价值标准、思维方式和行为表现，具体包括理性思维、批判质疑、勇于探究等基本要点。三是学会学习。主要是学生在学习意识形成、学习方式方法选择、学习进程评估调控等方面的综合表现，具体包括乐学善学、勤于反思、信息意识等基本要点。四是健康生活。主要是学生在认识自我、发展身心、规划人生等方面的综合表现，具体包括珍爱生命、健全人格、自我管理等基本要点。五是责任担当。主要是学生在处理与社会、国家、国际等关系方面形成的情感态度、价值取向和行为方式，具体包括社会责任、国家认同、国际理解等基本要

---

① 林崇德. 学生发展核心素养：面向未来应该培养怎样的人 [J]. 中国教育学刊，2016（6）：1-2.

点。六是实践创新。主要是学生在日常活动、问题解决、适应挑战等方面形成的实践能力、创新意识和行为表现，具体包括劳动意识、问题解决、技术应用等基本要点。

课程目标从"双基"（基础知识、基本技能）到三维目标，再到核心素养，是从教书走向育人这一过程的不同阶段。简单来说，落实"双基"是课程目标的 1.0 版，三维目标是 2.0 版，核心素养就是 3.0 版。

核心素养是三维目标的传承。知识与技能是形成和发展学生核心素养的基础、前提和载体。知识与技能是否有利于形成和发展核心素养，还要看知识与技能是如何获取过程与方法的。自主探究、主动建构知识的过程才是核心素养发展的前提，同样也是形成正确的态度、情感和价值观的过程。

核心素养是三维目标的提升和发展。三维目标强调在正确的学习过程中自主探究知识与技能、掌握方法、发展能力、培养态度和价值观，核心素养要求培养学生适应知识经济、信息时代和全球化社会所必备的"文化基础、自主发展和社会参与"等方面的关键能力和品格。三维目标聚焦课程对学生的培养，核心素养聚焦教育对学生未来融入社会并获得成功所需要的关键能力和品格的培养，核心素养更能体现时代发展对人的需求，更能体现以学生发展为本的教育理念；三维目标体现现代学科的内在价值，核心素养指向多学科、跨学科对学生关键能力和品格的贡献，核心素养更强调不同学科融合对学生发展的教育价值。

核心素养是课程三维目标的深化和具体化，它与课程三维目标的价值追求是一致的。例如，科学精神要借助具体的课程（数学、小学科学、物理、化学、生物、地理、信息技术、通用技术、劳动技术等）、一些课程的具体内容（科普作品、法理、逻辑等）以及其他学习形态（科技成就展、研究性学习、实验、课题、小制作、小发明、小论文等）来实现，而在每个具体内容的备课环节，教师则可以围绕三维目标来开展融合性设计。

图 2-2　学生发展核心素养

课程目标的表述方式

（一）行为目标的表述方式

最早对行为目标如何表述进行研究的是泰勒，他提出了"双向分析表"叙写方法。泰勒认为，有效的行为目标表述，必须指明"行为"和"内容"两方面，即学生身上应该存在产生的"行为改变"以及所应用的"生活领域或内容"。为了能够精确、清晰地表述目标，泰勒采用一种二维图表的形式进行表述。①

表 2-2 泰勒的二维图表

			目标的行为方面						
			1. 理解重要的事实和原理	2. 熟悉可靠的信息来源	3. 解释资源的能力	4. 运用原理的能力	5. 研究和报告研究结果的能力	6. 广泛和成熟的兴趣	7. 社会态度
目标的内容方面	A. 有机体的功能	1. 营养	×	×	×	×	×	×	×
		2. 消化	×		×	×	×	×	
		3. 循环	×		×	×	×	×	
		4. 呼吸	×		×	×	×	×	
		5. 生殖	×	×	×	×	×	×	×

二维图表（表 2-2）是将具体学科特定阶段期望学生达到的目标分解为"目标的行为方面"和"目标的内容方面"，再分别将"目标的行为方面"和"目标的内容方面"进一步分解为若干层次或部分，在"行为"（列）和"内容"（行）交叉处做上标记，表示某行为方面适用于某一特定的内容领域。这样，图表上的标记就清楚地指明了这个学科特定阶段的学程要培养哪几种行为，而且还能联系某种行为指出该行为所适应的特定内容或经验领域。

20 世纪 60 年代，马杰认为行为目标的表述除了"行为"和"内容"两方面外，还应包括"表现""条件"和"标准"三大要素。"表现"是指可以观察的、外显的、学生在学习的终点可表现的；"条件"是指行为表现所需要的主要条件或背景，包括时间的限制、使用的材料和设施、特别的指示和说明等；"标准"是指衡量学习者的行为表现成功与否的标准。在马杰

① ［美］拉尔夫·泰勒. 课程与教学的基本原理 ［M］. 施良方，译. 北京：人民教育出版社，1994：37。

的三要素基础上，进一步发展形成目前广泛使用的四个要素"ABCD"表述方式。

所谓的 ABCD 分别是四个要素的英文首字母：A 是指学习者（audience），目标表述要有明确的行为主体——学习者，也就是目标表述句的主语；B 是指行为（behavior），要说明通过学习之后学习者应该能够做什么，是目标表述句的谓语和宾语；C 是指条件（condition），要说明上述行为在什么条件下发生，是目标表述句中的状语；D 是指程度（degree），即明确上述行为的标准。[①]

因此，在表述行为目标时，行为主体、行为动词、行为条件和要求的程度是不可缺少的四个要素，但是，并不是所有的目标呈现方式都要包括这四个要素，只要不会引起误解或多种解释，有时为了表述简洁，也可省略行为主体或行为条件。这里列举一个运用 ABCD 表述行为目标的例句：交际中（条件）（省略了学习者）注意（行为动词）语言美，抵制不文明的语言（表现程度）。在表述行为目标时，要注意描写行为的动词要具体，与可观察、可操作的行为相对应，如使用"给出定义、指出、选择、列举、背诵、转换、区别、解释、归纳、摘要、证明"等动词，避免使用比较宽泛不能确指的"知道、了解、运用"等词语。在使用 ABCD 表述行为目标时，常见的行为动词及分类如表 2-3、表 2-4 所示。

表 2-3　编写认知学习目标可供选用的动词表

学习目标层次	特征	可参考选用的动词
知道	对信息的回忆	为……下定义、列举、说出（写出）……的名称、复述、排列、背诵、辨认、回忆、选择、描述、标明、指明
领会	用自己的语言解释信息	分类、叙述、解释、鉴别、选择、转换、区别、估计、引申、归纳、举例说明、猜测、摘要、改写
应用	将知识运用到新的情境中	运用、计算、示范、改变、阐述、解释、说明、修改、订出……计划、制订……方案、解答
分析	将知识分解，找出各部分之间的联系	分析、分类、比较、对照、图示、区别、检查、指出、评析
综合	将知识的各部分重新组合，形成一个新的整体	编写、写作、创造、设计、提出、组织、计划、综合、归纳、总结
评价	根据一定标准做出价值判断	鉴别、比较、评定、判断、总结、证明、说出……价值

---

① 钟启泉. 课程论 [M]. 北京：教育科学出版社，2007：132.

表 2-4　小学课程目标不同学科的行为动词选择

类型		学习水平	小学语文、数学、科学课程标准中所用的行为动词选择举例		
			语文	数学	科学
结果性目标	知识	了解	读准、会写、认识、学会、会说、写下、熟记、背诵	读、写、会用、认识、说出、识别、了解、辨认、描述	了解、知道、描述、说出
		理解	理解、展示、拓展、使用、分析、区分、判断、获得	知道、表示、会画、确定、找出、获得、读懂	区别、说明、解释、估计、理解、分类、计算
		应用	评价、掌握、运用、懂得、联系上下文	分类、选择、比较、排列、理解、解释、判断、估计、推测、证明、处理、推导	比较、检验、判断、预测、估计、验证
	技能	模仿	讲述、表达、阅读、写出、倾听、推想、扩写、想象、收集、修改	口算、计算、测量、观察、操作、实验、调查、笔算	实验、测量、观察、操作、计算
		迁移			想象、演示、尝试、实验、联系
		独立操作			测量、会、学会、运用、调查
体验性目标	过程与方法	经历（感受）	感受、尝试、体会、参加、发表意见、提出问题、讨论、积累、体验、分享、制订、沟通、合作	体验、感受、交流、解决问题、经历、发现、探索、感知、交换意见	观察、经历、亲历、体验、感知、学习、调查、探究
	情感态度价值观	反应（认同）	喜欢、有愿望、体会、乐于、抵制、欣赏、辨别、关心、同情	体会、欣赏、感受	关心、关注、乐于、敢于、勇于、善于
		领悟（同化）	养成、领悟	养成、树立	形成、养成、具有、具备

（二）表现性目标的表述方式

表现性目标的表述只是指出学生学习的项目或问题的意义，并不指出学生学习的结果如何。也就是说，表现性目标并不期望学生在参加教育活动后能做什么，而是识别学生在活动中将会遭遇或际遇的存在形式。例如，表现性目标的陈述可以是：（1）阅读并解释《丑小鸭》的意义；（2）考察与欣赏《群鸟学艺》的重要意义；（3）考察钟表时针和分针之间的关系；（4）通过使用身边简便的材料制作三维框架；（5）参观动物园并讨论那里发生的事情。

表现性目标十分重视学生学习的体验性。根据学生在学习过程中经历的种类，描述学生自己的心理感受、体验，或者明确安排学生表现的机会，师生可以获得学习评价所需的材料或数据。由此可见，用于表述表现性目标的动词往往是体验性的、过程性的，指向无需结果化或难以结果化的课程目标。如"用不同的物体和方法制造声音，描述自己对这些声音的感受"等。

（三）课程目标表述方面的误区

正因为课程目标表述极其重要，许多学者分析了一般书写方式中容易存在的问题和走入的误区，期待能够在以后的表述中加以改正。

误区一：把课程目标当作教学目标来书写。例如，①示范应用题的解法。②传授五言绝句的写作方式。③增进学生的阅读能力。④示范进行光合作用的仪器的装置方法。以上的目标均指出了教师教学时应该做的事情，但是并没有指出课程开设的真正目的，即学生通过学习这门课程以后的行为改变。教师的教学行为不应该当作目标来书写。以"增进学生的阅读能力"这一条为例，如果我们修改为"能阅读日常的书报杂志，能初步鉴赏文学作品，丰富自己的精神世界。能借助工具书阅读浅易文言文"，这样就符合课程目标的表述。

误区二：只列出了教材的大纲、主题、原则或概念。例如，教科版小学四年级下册《食物中的营养》包含下列目标：①营养与食物；②食物中的营养素；③均衡的膳食；④食品的选购；⑤消化与饮食习惯。上述的叙述，指出学生必须学习的内容，但是未显示学生应该做什么。

误区三：只指出理想的学生行为，忽略行为所应用的生活领域或内容。例如：①发展批判性思考的能力；②发展优良的社会态度；③养成广泛的兴趣；④发展解决问题的能力。这种方式叙写目标固然指出教育的功能在于引发学生某种行为的改变，但是没有说明该行为改变适用的生活领域或内容，有些过于宽泛。如"养成广泛的兴趣"，可以在不同科目中有不同的体现，2022版《义务教育语文课程标准》中有"激发学生识字、写字、诵读、积累、探究的兴趣""引导学生在识字、写字、语言积累中感受中华文化的魅力，激发热爱中华文化的情感"等表述，而《义务教育科学课程标准》中则表述为"保持好奇心和探究热情，乐于探究和实践"。

我们在以后的课程目标制定中应该尽量避免走入以上误区，使课程目标能够真正起到指导课程设计和教学的作用。

四 小学课程目标的制定

（一）确定课程目标的依据

课程目标的确定依据一般有三个方面：学习者的需要、当代社会生活的需求和学科的发展。

1. 学习者的需要

课程的价值在于促进学习者的身心发展，因此，学习者的需要是确定课程目标的基本依据。学生的需要是"完整的人"的需要即儿童全面发展的需要。应当很好地研究学生的兴趣，认识其发展和个性形成的特点，明确学生发展的要求。

《义务教育语文
课程标准
（2022 年版）》

2. 当代社会生活的需求

学校课程要反映社会政治、经济、文化发展的要求，为统治阶级培养人才，因此，当代社会生活的需求是课程目标制定的另一重要依据。从空间上讲，它指学生生活的社区、民族、国家乃至整个人类的需求；从时间上讲，它既指当前的社会生活需求，也指未来的社会生活需要。

3. 学科的发展

学校以传递知识为第一要务，而学科是知识最主要的载体。学科专家对该领域的基本要领、逻辑结构、探究方式、发展趋势以及一般功能及其与相关学科的联系更为熟悉，因此，学科专家的建议是课程目标制定的一个主要依据。事实上，大多数课程的教科书通常就是由学科专家组织编写的。

学生、社会、学科三个因素是相互作用的，所以在制定课程目标的过程中必须综合三者来考虑，过于强调任一因素都会导致目标的偏离。

（二）确定课程目标的基本环节

1. 确定课程目标的基本价值

社会文化体系中的价值系统，统整了目标界定的各个环节。教师、学生、家长、专家、行政人员都应该表达他们的理想、价值和信念。在确立基本价值、理想和信念的同时，要考虑知识的发展、社会和学生的需求以及法律的规定。

2. 陈述教育宗旨

课程目标是教育宗旨的下位概念，它将国家和社会对人才的要求浓缩在课程教学中。绝大多数的教育宗旨都是强调培养全面发展的个人，个人的全面发展也同样促进了社会的进步。为了陈述教育宗旨，课程的设计和开发必须关注两个问题：第一，这个社会最根本的理想是什么；第二，教育机构在教导人们生活于现在与未来社会方面具有何种责任和功能。

3. 陈述一般目的

课程目标的表述中，总目标的陈述不仅包括教育宗旨也包括指导课程设置的教育的一般目的。

4. 确认课程领域

课程领域指一组有计划的学习机会，它是发展各种学习机会的基础，例如学科、科目、活动、独立学习经验、非正式的学校方案及社区经验等。实际上就是确定学校课程所涉及的学科的种类和范围。

5. 界定次层目的

次层目的是课程设计的基本因素，必须与一般目的保持一致，但比一般目的更加具体详细。根据这个目的可以设计学生所需的学习机会和学习内容。一般目的包含了两种次层目的：一是有待发展的个人特质；二是有待学习的行为表现。

6. 界定教学目标

列出教学目标是建立学校教育目的和目标的最后步骤。教学目标是学校提供的一个或一组学习机会希望达成的结果。教学目标是由次层目的衍生而来的，有助于一般目的的实现。

第二节　小学课程内容

课程内容是课程中非常重要的问题，课程的设计、课程的目的、课程的评价以及课程的实施，都可以理解为是围绕着课程内容的安排及其结果展开的。课程设计是内容的组织安排，课程目标是决定内容的依据，课程评价是判断内容产生的结果，课程实施是内容的逐步实现。因此，课程内容的讨论可以基本包括在上述范畴之内。

一　课程内容的内涵

课程内容是指各门学科中特定的事实、观点、原理和问题，以及处理方式，它是在一定教育价值观及相应的课程与教学目标指导下，借助学科知识、社会生活经验或学习者经验对有关知识经验的概念、原理、技能、方法、价值观等进行选择和组织而构成的体系。课程内容以课程目标为出发点，包括三个维度的构成要素：学科知识、社会生活经验、活动。

从课程内容的界定中我们知道，课程目标对课程内容具有方向指导作用，一旦课程目标有了明确的表述，就在一定程度上为课程内容的选择和组织提供了一个基本的方向。而课程内容是课程目标最直接的体现，是实现课程目标的手段，直接指向"应该教什么"的问题。

课程内容、教材内容和教学内容三者之间有着必然的联系，但又有所区别。课程内容一般指特定课程中学生需要学习的事实、概念、原理、技能、策略、方法、态度及价值观念等。课程内容往往以课程标准的形式规定下来，具有法定的地位，因而是相对稳定、不能轻易改变的。课程标准主要是对学生在经过某一阶段学习后的结果的行为描述，而不是对教学内容的具体规定，它不仅包括知识与技能领域，还包括过程与方法、情感态度与价值观领域。课程标准解决的是"教什么"的问题，而"如何教"的问题则由教材和教学来解决。"如何教"不仅包括"用什么素材教"，也包括"用什么方法去教"。教材内容实际上说的就是"用什么教"的问题，它包括一切有效的传递、体现课程内容和承载课程价值的文字与非文字材料。

教材内容是师生教学活动的中介。教学内容就是教师在教学过程中根据具体的教学目标和教学情境对教材内容进行方法化处理，形成的具体有效的教学设计。也就是说，教材内容进入教师的教学过程，经由教师的加工处理和"教学化"过程的转变。

课程内容与教学内容的区别就在于：第一，课程内容规定的是学科某一阶段共同的统一的标准或要求，教学内容则是教师应对具体教学情境而设计的，是具体的、个别的，并存在差异的；第二，课程内容是一种抽象的存在，不能作为学生直接掌握的对象，教学内容是具体、生动并动态变化的，是教师和学生直接操作的对象；第三，课程内容以书面的文字材料进行表述，教学内容则可以通过多种多样的文字和非文字手段进行表征，不仅包括形式各异的素材内容，还包括一些活动、方法、观念、实践操作等。

二　课程内容的取向

课程内容是根据特定的教育价值观以及相应的课程目标而选择出来的。与课程相关的三个基本要素是：基础知识、学习者、社会因素。对这三个要素的不同侧重体现了课程内容的三个取向。

（一）课程内容即教材

课程内容在传统上都是被作为要学生习得的知识来对待的，重点放在向学生传递知识这一基点上，而知识的传递是以教材为依据的，所以，课程内容被理所当然地认为是上课所用的教材。这是一种以学科为中心的教育目的观的体现。教材取向以知识体系为基点，认为课程内容就是学生要学习的知识，而知识的载体就是教材。这种观点的代表是夸美纽斯。夸美纽斯从其"把一切事物教给一切人类的全部艺术"的泛智教育论出发，提出了"百科全书"式课程的观点。这种取向的优点在于：第一，考虑到各门学科知识的逻辑性、系统性；第二，在教学实践中，教师有明确的教学内容，容易把握和评价，从而使课程教学工作有据可依。它的不足在于：对学科系统性的强调导致对新知识的排斥和对学生要求的忽视；把课程内容定义为教材，就会顺理成章地把课程内容看作是事先规定好了的东西，这意味着学科专家提前预设了教师应该教些什么、学生应该学些什么，忽略了学生自身发展的需要。

（二）课程内容即学习活动

这种观点的主要代表人物是杜威，他将课程内容看作是学习活动，认为"课程的最大流弊是与儿童生活不相沟通，学科科目相互联系的中心点不是科学，而是儿童本身的社会活动"。博比特（F. Bobbitt）、查特斯（W. W. Charters）和塔巴（H. Taba）等人认为课程应该对当代社会的需要做出反映，通过研究成人的活动识别各种社会需要，把它们转化成课程目标，再进一步把这些目标转化成学生的学习活动，这就是著名的活动分析法。活动分析法被认为是一种有效的、科学的课程编制技术。

这种取向要求课程与社会活动密切联系，主张学生通过参与活动习得知识，容易激发学生的兴趣，是一种探究式的教学。它的缺点是：第一，教师往往注重学生外显的活动，而无法看到学生是如何同化课程内容的，无法看到学生的经验是如何发生的；第二，对系统学科知识的鄙视，造成了师生仅关注外显的活动，不深层次地研究学习，活动容易流于形式，从而导致教学质量的下降。

（三）课程内容即学习经验

在泰勒看来，课程内容即学习经验，而学习经验是指学生与外部环境的相互作用。他认为，学习是通过学生的主动行为而发生的；学生的学习取决于学生自己做了些什么，而不是教师呈现了什么内容或要求学生做些什么。由此他推断，教育的基本手段是提供学习经验，而不是向学生展示各种事物。这种取向的优点是：首先，强调学生是一个主动参与者，认为学生是学习活动的主体，学习的质量决定于学生而不是课程；其次，强调学生与外部环境的互相作用。教师的职责是要构建适合学生能力与兴趣的各种情境，以便为每个学生提供有意义的经验。把课程内容视为学习经验的缺点是加剧了内容选择的难度。因为学生的心理体验，只有学生自己了解，教育者没法了解学生的心理是如何受特定环境影响的。这样就导致学校课程总是以学生为主导、受学生的支配。实践也证明，过于强调以学习者为中心，对教育质量提高并没有太大益处。

三种课程内容取向实际上是不可分离的。学科知识和当代社会生活必须转化为学习者的经验，才能成为相应的课程内容，同时，离开了学科知识和社会经验，学习者的经验就没有意义了。

三 课程内容的组织

（一）课程类型

1. 根据学习方式来分，课程可分为学科课程与活动课程

学科课程是指根据学校培养目标和科学发展，分门别类地从各门科学中选择适合学生年龄特征与发展水平的知识组成的教学科目，亦称分科课程。历史上分门别类设置课程由来已久，孔子主讲的"六经"，古希腊智者派创立的"三艺"课程，都是最早的分科课程。西方文艺复

兴后，学校注重根据科学的发展、分化来设置相应的分科教学科目。我国自清末废科举、兴学校以来，也是实施分科的学科课程。学科课程的历史悠久，影响深远，既是学校教育的产物，也是科学技术发展与分化的产物。至今，它在课程设置上仍是主流。

活动课程与学科课程相对立，它打破了学科逻辑系统的界线，是以学生的兴趣、需要、经验和能力为基础，通过引导学生自己组织有目的的活动系列而编制的课程，亦称经验课程，或儿童中心课程。活动课程产生较晚，其思想萌发于卢梭的自然教育，产生于 19 世纪末 20 世纪初欧美的新教育运动和进步教育运动，其代表人物是杜威。杜威认为："学校科目相互联系的真正中心不是科学，不是文学，不是历史，不是地理，而是儿童本身的社会活动。"他把儿童的活动大致分为社交活动、探究活动、制作活动、表现活动四大类，并注重游戏、表演、活动作业、实验、缝纫、烹调、手工等。他相信这些活动代表了社会活动的基本类型。他说："通过这些活动作为媒介把儿童引入更正式的课程中，这是可能的，也是值得向往的。"

学科课程与活动课程是现代课程的两种基本类型，围绕这两种课程的争论迄今都没有终止。两者的分歧如表 2-5 所示。①

表 2-5　学科课程与活动课程的比较

学科课程	活动课程
知识本位	儿童本位
教育为生活做准备	教育即生活
强调理论和间接经验的学习	强调实践和直接经验的学习
按照学科逻辑组织课程	按照儿童心理逻辑组织课程
主张分科设置课程	主张综合设置课程
只问结果，不问过程	只问过程，不问结果

2. 根据课程组织方式来分，可将课程分为分科课程与综合课程

一般来说分门别类设置的课程就叫作分科课程；将两门或两门以上学科综合设置为一个学科的课程就叫作综合课程，比如包含物理、化学、生物知识的"小学科学"，就是一种综合课程。

人们曾一度把综合课程与分科课程视为对立的两种课程类型。现有的研究表明，二者的区分是相对的：综合课程必须以分科的形式设置，而分科课程的内容又总是综合的，世上根本就没有绝对的综合课程和分科课程。二者都是科学研究发展的必然，是课程发展的必然，不断地分化、综合，再分化、再综合，这是科学研究的基本特点。分化和综合常常是一个过程的两个

---

① 王策三. 教学论稿（第二版）[M]. 北京：人民教育出版社，2005：177-180.

方面。比如，教育学与心理学结合诞生了教育心理学，教育心理学既是二者的综合，又是二者的分化。从某种意义上说，学科越是高度分化，越能实现高度的综合。对学习者来说，越是善于分析，越能进行有深度、高水平的综合。

3. 根据呈现方式来分，可将课程分为显性课程与隐性课程

显性课程是学校教育有计划有组织的"正式"课程，反映在学校课程表中，通常都具有预期性的教育影响。而隐性课程则是非计划非预期的、隐含在学习环境中的一种课程。它是通过教育环境（包括物质的、文化的和社会关系结构的环境）有意或无意地传递给学生的非公开性的教育经验，它不在课程规划中反映，不通过正式教学进行，通常体现在学校和班级的情境之中，对学生起着潜移默化的作用，促进或干扰教育目标的实现。比如学校中的建筑物、设备等物理环境，师生关系、校风、学风、班级活动等精神环境。现在，我国课程学者对于隐性课程的研究正在走向深入。

4. 根据开发主体来分，可将课程分为国家课程、地方课程与校本课程

课程的开发主体分别为国家、地方、学校（含师生）。其中，国家课程由国家统一规定，体现国家教育意志，反映国家对青年一代各种基本素质的基本要求；地方课程由地方教育行政部门（主要是省级教育行政主管部门）统一制定，旨在通过课程来满足地方社会发展的现实需要，体现地方对当地人才培养的特殊要求；校本课程则由学校自主制定，用以体现本校的办学宗旨与特色，是各个学校自身的办学特点与价值追求的直接体现。

5. 根据管理方式来分，可将课程分为必修课程与选修课程

在课程管理者眼中，有些课程是学生必须修习的，有的是可以自由选择的，必须修习的是必修课程，可自由选择的是选修课程。其中，必修课程还可区分为专业必修、公共必修，选修课程也还可区分为限选课程、任选课程等。必修课和选修课二者具有相互依存的关系，只有必修课没有选修课，学生个体的兴趣需要就难以得到关照；只有选修课没有必修课，将难以保证教育的基本质量，会造成教育质量的整体下滑。因此，合理地设置必修课与选修课，是现代课程论和课程改革实践十分关注的一个问题。

认识课程分类，可以更好地理解课程的各个要素，扩大课程视野，有助于在课程设计与实施的过程中正确地对待各种类型的课程。

（二）课程内容组织原则

早在20世纪40年代，泰勒就明确提出了课程内容组织的三条规则，即连续性、顺序性、整合性。连续性是指直线式地陈述主要的课程内容；顺序性要求每一后继内容应以前面的内容为基础，同时又要对前面的内容加以深化、拓展；整合性则强调保持各种课程内容之间的横向联系，以便于学生获得一种统一观念。泰勒提出的关于课程内容组织的三条规则，对课程设计产生了重要影响。根据前人的研究，课程内容组织主要应遵循以下三条原则：

1. 目的性原则

所谓目的性原则是指对课程内容的组织要在一定的目的指引下进行。例如，对校园文化这种隐性课程内容进行组织时，如果在一段时期内其目的是要提高学生的基本道德行为素养，那么就会在校园内布置许多诸如"请随手关门""请勿随地吐痰""节约用水"等标语以及与文明行为规范相关的板报等；但在另一段时期内，如果其目的侧重培养学生的动手创造能力，那么在校园内就会有许多像飞机、宇宙飞船、机器人等模型，还会有许多音乐、舞蹈、绘画等活动以及一些鼓励创作的标语、条幅、板报等，整个学校洋溢着创造的文化氛围，而讲文明礼貌的内容就降到了次要地位。因此，目的不同，课程内容组织的顺序、内容比重就会不同。那么，在对课程内容组织时应以什么为目的呢？首先是实现教育目的，因为所有教育活动都以此为指向，所以课程内容组织也不例外。其次是实现学校培养目标。不同类型、不同层次的学校，其培养目标是不同的，这也要求课程内容组织要循此目标。最后是实现课程目标。在组织课程内容时，还要以课程目标为依据。若是指向行为性目标，则重点放在基本知识和基本技能的组织上；若是指向展开性目标，则要突出解决问题方面的内容；若要指向表现性目标，则要注重创造力培养方面的内容。

2. 弹性原则

所谓弹性原则是指在对课程内容进行组织时，既要有统一性，又要有灵活多变性。统一是指指导思想的统一，是以教育目的、学校培养目标和课程目标为归宿的统一。在统一的前提下，还要机动灵活，这样才能做到统而不死、活而不乱。所谓灵活多变性，是针对地方课程和校本课程的内容组织而言的。在参照国家课程的前提下，又能根据当地的历史、文化、风俗、思维方式、价值观念、心理特点及学校的类别、层次、培养目标、学生的年龄特征等进行课程内容组织。这样既可避免"一刀切"，又能做到因地制宜，尤其是对活动课程、经验课程、生活课程和隐性课程的内容进行组织时更要注意这一点。

3. 关联性原则

所谓关联性原则是指在对各级各类学校的课程内容进行组织时应当彼此衔接、互相沟通。所谓衔接是指各级学校的课程内容要衔接。如小学课程内容要同初中课程内容衔接，初中课程内容要同高中课程内容衔接，既不重复又不缺漏。例如，小学学过认识三角形，通过观察、操作，了解了三角形两边之和大于第三边、三角形内角和是180°等基础知识，初中就不能重学，而要在小学对三角形认识的基础上学习勾股定理等知识，这是对知识的拓展和延伸；如果小学阶段没有学过三角形的任何知识而在初中阶段直接学习勾股定理就属于知识的缺漏。此外，初中一年级的课程提前到小学六年级来学，也违反了衔接原则。所谓沟通是指各类学校的课程要一贯。既要突出各类学校的特点，又要注意到它们是属于同一层次上的内容，简单地说，就是课程内容的编制要符合知识的逻辑体系、符合学生的身心发展特征，是相互联系、相互衔接的。[①]

上述三种原则，基本上适合所有课程内容的组织，在现实中大都能运用到对学科课程内容的组织上，而对一些活动课程、经验课程、生活课程及隐性课程内容的组织却很少运用。

课程内容组织原则是开放的、变化的，不是封闭的、僵死的，是需要在实践中予以更新和补充的。课程内容的组织，除上述三条原则外，还应处理好课程内容组织形式的关系。

（三）课程内容组织形式及其关系

1. 直线式与螺旋式

关于课程内容的组织，一直存在着直线式与螺旋式两种组织形式。直线式，是指把课程内容组织成一条使学科知识逻辑前后联系的"直线"，即学科课程内容的组织呈直线前进，前面安排过的内容在后面不再呈现。螺旋式，是指在不同单元或阶段，乃至同课程门类中，使课程内容重复出现、螺旋上升，逐渐扩大知识面，加深知识难度，即同一课程内容前后重复出现，前面的内容是后面内容的基础，后面内容是对前面内容的不断扩展和加深，且层层递进。

直线式主张根据科学知识发展的逻辑来组织和编排课程内容。直线式编排的课程内容前后不重复，因而被认为是效率较高的一种内容组织形式。螺旋式的依据是，人的心理发展过程的规律，即人的认识由易到难、由低到高、螺旋上升，因而课程内容的组织和编写也要适应儿童学习的心理需求，逐步加深、适当反复，并稳步前进。

直线式和螺旋式是教科书编写的两种基本的组织方式，各有利弊，分别适用于不同性质的学科、不同年级的学生。对理论性较强、学生不易理解和掌握的内容，尤其对低年级的儿童来说，采用螺旋式来组编较适合；对一些理论性、难度性或操作性相对较低的学科知识，采用直线式组编则较适合。其实，情况往往比较复杂，有时在同一课程内容体系的编写中，直线式和螺旋式都是必不可少的。在组织编写中究竟应当采取何种形式，应根据不同学科内容的特点和学生心理发展的需求而定。

2. 逻辑顺序和心理顺序

逻辑顺序是指课程内容要按照学科知识的逻辑序列，即从已知到未知、从简到繁、从具体到抽象等先后顺序来组织编写。这是从学习理论的角度提出的一种组织形式。加涅（R. M. Gagne）就倾向于按照学生学习的八种层次的逻辑关系来设计课程内容的顺序。这八种学习层次为：信号学习；刺激—反应学习；动作连锁学习；言语联想学习；辨别学习；概念学习；规则学习；问题学习。加涅认为学习是由简单到复杂依次推进的。

心理顺序是指打破学科的知识界限和传统的知识体系，按照学生发展的阶段，以学生心理

① 冯国锋. 课程内容组织原则浅谈［J］. 新疆石油教育学院学报，2004（2）：71-73.

发展阶段需要探索的、社会最为关心的问题为依据来组织编写课程内容，构成一个一个相对独立的专题。心理顺序是依据发展心理学从人的成长过程的角度提出的。从心理发展角度看，学生生理的、社会的、理智的、情感的发展，都是按照一定顺序由内部加以调节的，因此，课程内容应考虑学生发展的阶段性要求。从综合的角度看，是以知识之间的横向联系的方式组织课程内容的。

比较地看，逻辑顺序注重课程内容的学科理论体系和学术性，而心理顺序则强调课程内容在社会生活中的实际运用和知识的综合性，同直线式与螺旋式的关系一样，这两种组织方式都是不可偏废的。

总之，历史上，人们很早就注意按知识的难易程度来循序渐进地组织课程内容的学习，随后也依据儿童发展阶段特点的需求为不同年龄阶段的学生编写具有综合性、通俗性、实用性的课程读本。到了现代，由于科学与学科得到较高程度的分化与发展，基础教育的分层与普及日渐完善，课程设置与教材选编的经验日益丰富，课程内容的组织日趋科学。"传统教育"派主张根据学科内在的逻辑顺序来组织课程内容，便于学生分门别类地获得系统的学科知识，于是产生了直线式的课程内容组织方式。"现代教育"派则强调根据学生身心发展规律来组织课程内容，以适合于学生的需要，更便于学生学习的稳步有效进行，于是出现了螺旋式的课程内容组织方式。经过实践、竞争、反思与总结，现在将逻辑顺序和心理顺序结合起来，根据实际情况的需要科学地加以运用，以期获得最佳成效。

四 我国小学课程内容

（一）我国小学课程内容的特点

《基础教育课程改革纲要（试行）》《关于 2016 年中小学教学用书有关事项的通知》明确提出，我国小学阶段以综合课程为主。小学低年级开设道德与法治、语文、数学、体育与健康、艺术（或音乐、美术）等课程；小学中高年级开设道德与法治、语文、数学、科学、外语、综合实践活动、体育与健康、艺术（或音乐、美术）等课程。课程内容的综合性是当代小学课程内容选择和组织最明显的特色，除此之外还有德育性、基础性、稳定性、系统性、统一性的特点。

1. 综合性

课程内容具有综合性，具体来说，体现在以下三个方面：

（1）加强学科的综合性。就一门学科而言，注重联系儿童经验和生活实际；就不同学科而言，提倡彼此关联，相互补充。

（2）设置综合课程。当前我国小学阶段的综合课程有：道德与法治、科学、艺术。

（3）增设综合实践活动。综合实践活动是从学生的真实生活和发展需要出发，从生活情境中发现问题，将问题转化为活动主题，通过探究、服务、制作、体验等方式，培养综合素质的跨学科的实践。

2. 德育性

课程内容的德育性体现在三个方面：一是开设德育课程。在小学阶段开设了道德与法治。二是实现语文、数学、英语、科学等课程内容的德育功能。三是实现活动课程内容德育功能。活动课程主要包括晨会（夕会）、班队活动、社会实践活动等。

循着课程发展的线索，德育一直是我国基础教育的一个核心词，最初主要指思想政治教育，而后内涵逐渐扩大，现已涵盖了思想政治教育、道德品质教育、法治教育、公民素养教育和心理健康教育等丰富的内容。

3. 基础性

从课程门类来说，从新中国最初借鉴当时苏联经验确立课程体系开始，小学课程的学科设置就比较齐全。从我国基础教育德、智、体、美、劳全面发展的培养目标来说，我国课程涵盖了各个方面的发展目标，为学生发展所提供的基础知识无疑是比较全面的。

从学科课程本身的角度来说，小学教育阶段提供的课程内容都是在本学科知识体系中学生升学、就业、生活必须掌握的部分，是在某一专业领域进行更深入学习必须掌握的部分。在制定各学科教学大纲、选择教学内容的时候，这是着重考虑的一个因素。在教学层面上，基础知识的掌握、基本技能和能力的培养都是被反复强调的。

4. 稳定性

我国小学教育课程内容在保持相对稳定的基础上有所发展。一方面与教育的基础性密切相连，另一方面也与我国国情相适应。虽然我国基础教育经历了八次课程改革，但整体的课程结构是稳定的，仍以分科课程为主，必修课程占绝对优势，具体课程的设置也是相对稳定的，各门课程的主要结构和主要内容也是稳定的。

我国课程内容在保持基本框架相对稳定的同时也有所发展。除了细节上的进步与完善外，时代的进步也推动了课程内容体系的发展，影响了学科和活动课程的设置。学科内容的修订等，正是在相对稳定的大环境中出现种种细微的变化和进步，课程内容体系也得以日趋科学和完善。

5. 系统性

我国小学教育课程内容的系统性主要是针对各学科内部体系而言的，指各学科课程内容内部结构的完整性与系统性。小学课程内容的设计需要考虑学生的发展阶段、接受能力，而在选择和安排学科课程内容的时候，不管我们是按直线式结构还是螺旋式结构组织，学科本身的逻辑顺序都是需要考虑的一个非常重要的因素，尤其是数学、科学等学科。学科课程内部结构的系统性不仅仅局限于某一教育阶段，同时也强调学科知识在小学各个教育阶段的连贯性。

以系统的学科知识逻辑为主组织课程内容的优点在于能保证课程内容的系统与完整；缺点在于学科之间相互独立，缺乏沟通，不同学科课程内容有重复，不利于对现实生活中很多真实问题的理解与解决，因为这种真实问题的解决往往依赖于多学科、多领域知识、技能和方法的综合运用。

6. 统一性

由于我国一直实行中央集权的课程管理体制，课程内容呈现出大一统的局面，不同省市、不同地区、不同民族，小学开设的课程门类及各门课程的教学大纲几乎没有区别，使用的教材版本也很有限。在学校课程内容的组成中，国家规定的、统一的内容在地位和比例上都占了绝对优势。从基础教育的性质的角度而言，从国家的公民教育需要的角度而言，课程内容在一定程度上的统一是有必要的，而统一的学校课程内容也有利于进行管理和评价，从而保证教育的一般质量。在我国这样一个疆域辽阔、民族众多的国家，在小学教育起点低、起步晚、经济基础薄弱、国民科学文化素质普遍偏低的情况下，要迅速普及文化科学知识，提高国民科学文化素养，使不同地区，尤其是经济不发达地区的儿童受教育的权利不受地方经济的过大影响，不因地方的落后而接触不到先进的文化，国家集中优势力量确立的课程和教材是重要的文本保证。因此，从某种程度上而言，高度统一的课程内容体系在低成本的条件下，对新中国成立以后小学教育的发展仍然是有贡献的。

（二）人教版小学语文、小学数学教材的特点

现以人民教育出版社组织编写出版的新课程标准实验教材为研究对象，对小学语文、小学数学新教材的特点作简要介绍。

1. 小学语文教材的特点

第一，搞好幼小衔接，平稳过渡。教材充分考虑初入学儿童已有的语文水平，强调为不同语文程度的孩子打下坚实的语文基础。在起步阶段，把学拼音、识汉字、积累词语、发展语言等诸方面有机地结合在一起，使孩子初入学就受到比较全面的语文启蒙教育。

第二，体现语文学习的整合，全面提高学生的语文素养。教材简化头绪，突出重点，加强整合，注重情感态度和知识能力之间的联系，强调学生语文素养的整体提高。一开始就把汉语拼音、识字写字、阅读、口语交际等各个方面有计划地安排在一起。从一年级下册开始，围绕专题，以整合的方式组织教材内容。每个单元从导语到识字课，到课文，乃至语文园地中的阅读短文、口语交际、实践活动，都是围绕本单元的专题合理安排的。围绕一个专题，开展丰富多彩的学习活动，并在此过程中，提高学生的观察能力、听说读写及动手实践能力。

第三，加快识字，重视写字的编排。识字的编排，实行认写分开、多认少写的原则。要求认的字都是常用的、复现率高的。要求最初开始写的字都是笔画最简单的字。要写的字，其中

有的是本课新认识的字，有的是以前认识并在本课课文中出现的字，在结构上有一定的规律，便于学生发现，也便于教师指导。识字教材采用多种形式，体现汉字规律，体现汉字表意的特点，体现儿童学习汉语的规律。例如，归类识字部分主要有象形字、会意字、韵语识字、按事物归类识字等形式。这样安排识字，避免了集中识字可能产生的单调枯燥、功能单一的弊端。学生通过这些意境优美、内涵丰富的识字课，不仅识了字，而且积累了优美的语言，丰富了知识的储备，并受到思想和文化的熏陶。

第四，大幅度更新课文，使教材更具有时代感，更贴近儿童生活。实验教材新编选的课文占全部课文的一半以上。课文有以下几个特点：一是思想内涵比较全面。蕴含着热爱祖国、关爱他人、团结协作、自强自主、热爱科学、保护自然环境等丰富的思想情感因素，同时具有适应信息化社会和开放社会要求的时代精神。二是题材广泛。有反映城市生活的，有反映农村生活的，有反映学校生活的，有反映家庭生活的，也有反映自然现象、科技成就的。选文密切联系当代儿童的生活，有利于学生通过语言文字认识大千世界。三是体裁多样。有童话、散文、诗歌、故事、科普文章等，增强了趣味性、可读性和感染力。在每册教材中，还安排了两篇连环画形式的课文，全文不注汉语拼音，要求学生借助图画、阅读预期和猜读等方式认读生字，读通课文。

第五，大力改进呈现方式，使教科书成为学生喜爱的"学本"。新教材在呈现方式上有很大的创新和突破，主要体现在以下几个方面。一是编写角度由关注教师的教，转向既方便教师的教，又方便学生的学。教材通过多种方式体现了学生主动学、在游戏中学的意图。在练习、复习、语文园地中，大量采用"我会读""我会写""我会认""我会画"等形式，激励学生自主学习、主动学习，增强学生学习语文的自信心。二是注重引导发现，鼓励探究学习。在每个语文园地里设"我的发现"栏，不断引导学生发现新的识字方法，发现字词、句中带有规律性的东西，以便逐渐掌握学习方法。不直接把识字方法告诉学生，而是把规律暗含在学习内容之中，引导学生认真观察，努力发现。三是给学生提供展示的机会，使学生不断产生成就感。教材尽可能为学生提供展示的机会，鼓励学生展示在课外通过不同渠道认识的字，沟通了语文课堂和生活的联系，使生活成为识字的大舞台。另外，还有一些展示活动，即鼓励学生展示查字典的能力、讲故事的本领以及其他课外语文学习所得，不断给学生提供表现自己、与同学交流学习成果的机会。四是体现语文与生活的紧密结合。教材中安排了许多实践活动，体现生活处处皆语文的理念，促进课内课外、校内校外的结合。除鼓励学生在生活中识字外，还鼓励学生学习观察生活，体验生活。倡导在生活中学语文、用语文，时时处处做学习语文的有心人。五是精心设计活泼多样的课后练习，使学生在实践中不断提高语文能力。课后练习的设计，形式丰富多样，有利于激发想象、发展思维，便于学生主动参与、自主学习。课后练习，有重视语言积累和感悟的题目，如朗读背诵、词语积累与扩展、词句练习；有重视语文基本功培养的题目，如写字、词句理解与运用；还有开放式的讨论题。

第六，体现开放性和弹性，增加适应性。教材注意贯彻统一性和可选择性相结合的原则，增加弹性，以满足不同地区、不同学校、不同学生的需求。教材内容难度适中，有一定弹性。例如识字，下保底，但上不封顶。每课要求认识的字体现基本要求，学有余力的学生可以多认。另外，在教材里贯穿着鼓励学生在生活中、在课外阅读中主动识字的思想。如果教学得当，学生的识字量一定会突破教科书规定的数量。另外，鼓励学生随时展示自己的学习成果，以体现不同学生之间的差异，促进所有学生在原有基础上不断提高与发展。

2. 小学数学教材的特点

第一，具有科学合理的内容结构。具有符合儿童学习数学的认知特点和数学知识本身发展规律的知识结构；增加数、估计、统计、应用、创新等意识及实践能力等方面的培养内容；尽量体现数学知识的形成过程、数学方法在解决问题中的作用。加大数学思想和方法渗透的力度。遵循儿童心理发展的年龄特点和规律，有目的、有步骤地进行智力开发和能力培养；重视培养学生的数学思维能力，加强求异思维、思维灵活性的培养。加强创新意识、空间观念和实践能力的培养。丰富计算能力的内涵，提出培养计算能力的恰当要求。采取多种形式培养学生提出问题和解决简单实践问题的能力。根据儿童情感的特点和规律，对学生进行情感、意志品质的培养和思想品德教育。努力使学生体验学习数学的乐趣，培养学生的学习兴趣和学好数学、会用数学的信心以及不畏困难、严谨求实等良好的思想品质，培养学生爱祖国、爱科学、爱社会主义，勇于探索、热心奉献和健康向上的生活态度。

第二，具有新颖丰富的呈现形式。内容的呈现注意体现儿童已有的经验和兴趣特点，提供丰富的与儿童生活背景有关的素材。内容的展开具有探索性和开放性。例题、习题的形式多样，所选素材尽量符合实际，图文并茂，版式多样，风格活泼，色彩明丽，能吸引学生阅读，激发学习兴趣。

第三，体现新的教学观念和教学方法。体现学生学习的主体性，反映学生获得知识、形成技能的基本过程，注意引导学生通过操作、观察、猜测、思考获得感性经验，理解所学知识。倡导探究、交流的学习方法，鼓励引导学生探索、发现规律性知识。体现教学的基本过程，同时体现教学方法的开放性和创造性。

第四，新颖实用的立体化教材体系。形成以教科书为核心的立体化教材体系，编写新颖、实用、开放的教师教学用书，研制实用有效的多媒体辅助教学配套软件，提高教学效率和质量。

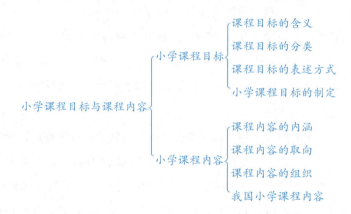

本章知识结构导图

小学课程目标与课程内容
├─ 小学课程目标
│   ├─ 课程目标的含义
│   ├─ 课程目标的分类
│   ├─ 课程目标的表述方式
│   └─ 小学课程目标的制定
└─ 小学课程内容
    ├─ 课程内容的内涵
    ├─ 课程内容的取向
    ├─ 课程内容的组织
    └─ 我国小学课程内容

历年真题

1.【2018年下】小学开设的科学、艺术课程，其课程类型属于（　　）。

A. 分科课程　　　　　　　　　　B. 综合课程

C. 活动课程　　　　　　　　　　D. 经验课程

参考答案

2.【2018年上】学习课文《两个铁球同时着地》后，学生对伽利略不迷信权威、追求真理的精神有深刻理解，这达成的教学目标属于（　　）。

A. 知识与技能　　　　　　　　　B. 思维与创新

C. 过程与方法　　　　　　　　　D. 情感、态度与价值观

3.【2018年上】现代课程论认为，制约课程内容选择的因素主要包括（　　）。

A. 知识、技能与情感　　　　　　B. 难度、广度与深度

C. 社会、儿童与学科　　　　　　D. 政治、经济与文化

4.【2021年上】在课程内容组织过程中，应考虑（　　）。

A. 逻辑顺序　　　　　　　　　　B. 心理顺序

C. 逻辑顺序与心理顺序　　　　　D. 逻辑顺序与时间顺序

5.【2022年下】小学综合课程与分科课程的分类依据是（　　）。

A. 课程内容的组织方式　　　　　B. 课程设置的要求

C. 课程内容固有的属性　　　　　D. 课程管理的层次

6.【2022 年下】从课程类型来说教案里的图画、标语及黑板报属于（　　　）。

A. 学科课程　　　　　　　　　　B. 活动课程

C. 显性课程　　　　　　　　　　D. 隐性课程

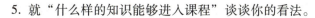 知识点检测

1. 试分析课程目标与教育目的、培养目标和教育方针的关系。

2. 根据你的学习经验谈谈你对基础教育新课程目标的认识。

3. 列举课程内容组织原则。

参考答案

4. 根据学习方式来分，课程可分为学科课程与活动课程。请对学科课程与活动课程进行比较，并进行举例。

5. 就"什么样的知识能够进入课程"谈谈你的看法。

第 三 章

小学校本课程开发

学习目标

‣ 识记校本课程、校本课程开发的概念；
‣ 理解几种经典的课程开发模式；
‣ 熟悉校本课程开发的过程；
‣ 掌握校本课程资源的开发与利用方法。

案例导入

一堂精彩的校本课程①

在春风醉人的四月天，我听了一节春意盎然的语文课。这是上海交通大学子弟小学丁慈矿老师上的一堂校本课程课，这门课程的名称是"学对联"。

40分钟的时间，学生连同我们这些听课者，像在享用一顿中国语言文字的美味大餐。丁老师借上节课的作业评价导入新课。上节课的课外作业是：对出"上海自来水来自海上"的下联。课程就从作业交流开始。老师先出示学生对出的下联"南海炸弹炸海南""江西自来水来自西江""山东长生果生长东山""山西钻井队井钻西山""山西红花花红西山"等，然后重申对联必须上下联字数相等、词义对仗，并指出此联的独特妙处——正念反念都一样，并且告诉学生这是汉语特有的现象，叫"回文"。老师还给出了其他人对出的几副下联，如"黄山落叶松叶落山黄""西湖回游鱼游回湖西""京北输油管油输北京"。

接着，老师带领学生学创对联。先进行二字练习：老师给出"白鸽""春兰""鸡冠""冷月"，学生分别对出"红掌、乌鸦、黑豹""秋菊、夏荷、冬梅""鹅掌、燕尾、鹤顶、凤尾、鱼鳍、虎背、熊腰""热日、酷日、暖阳、寒光、阴雨"等。再进行三字练习：老师在讲述有

---

① 杨再隋，吴伦敦. 基础教育新课程师资培训指导 小学语文 [M]. 长春：东北师范大学出版社，2003.

关故事的同时，引出经典上联"独角兽、孙行者"，学生对出"比目鱼、祖冲之"等等。在谈到四字对联时，老师给出"绿风红雨，山欢水笑"，并用宋代志南和尚的诗"沾衣欲湿杏花雨，吹面不寒杨柳风"来解释"绿风红雨"，引导学生体会汉语的美妙：风雨有颜色，山水会欢笑。在学对五字对联时，老师提醒大家，古诗中的对偶句也可以看成对联，并引导学生回忆"白毛浮绿水，红掌拨清波"等名句。在谈到七字对联时，师生曾谈及"三十功名尘与土，八千里路云和月"。最后，老师介绍了趣对"长长长长长长长，长长长长长长长"，横批是"长长长长"。老师借助生动的清代故事与形象的手势，展示了这一对联的四种不同的读法，让学生体会这一对联的妙趣与汉语的魅力。下课之前，老师留下作业：对出"嵩山山高日月明"的下联，提示学生注意汉字的拆和分。

这堂课好处多多。第一好，好在所用材料的教育意义大。对联是汉语言文字的精华。学对联，古称"对课"，是学习汉语的一种好方式。它充分利用了汉字音、形、义的特点，将遣词造句与表情达意熔于一炉，兼具语感训练、语法训练、思维训练、审美训练等功能。在正规语文课程之外，开设"学对联"这一校本课程，能帮助学生更好地掌握祖国语言。

这堂课的第二好，好在文化含量高。在学对联活动中，教师凭借深厚的人文素养，引导学生以实悟虚，由近及远，以小见大，提升人文素养。教师在用"沾衣欲湿杏花雨，吹面不寒杨柳风"来解释"绿风红雨"之后，情真意切地感叹道："中国文化就这么好，就这么美。"学生也表现得很有文化。例如，学生以"凤尾"对"鸡冠"，就很有文化韵味，因为自古有"宁做鸡头，不做凤尾"的说法。

这堂课的第三好，好在教法得当。教师抓住了小学语文教学的灵魂，注重学生的感受与练习。过去我们的许多语文课分析如山，练习如毛，在毫无意义的烦琐分析中浪费师生的宝贵时光，破坏了师生的语感。

这节课尽管好词成串，佳句不断，但自始至终没有进行分析，老师所做的是带领学生感受、欣赏、练习。

上面的这篇短文是华东师范大学张玲老师所写的听课感想。张老师所听的是上海交通大学子弟小学的一堂校本课程课，这一校本课程的名称是"学对联"。读了这篇令人深思的短文，同学们一定很想知道什么是校本课程，如何开发校本课程。相信同学们通过本章的学习，会找到满意的答案。

第一节 校本课程开发概述

2022 版《义务教育课程方案》界定："义务教育课程包括国家课程、地方课程和校本课程三类。以国家课程为主体，奠定共同基础；以地方课程和校本课程为拓展补充，兼顾差异。"学校在执行国家课程和地方课程的同时，应视当地社会、经济发展的具体情况，结合本校的传统和优势、学生的兴趣和需要，开发或选用适合本校的课程。各级教育行政部门要对课程的实施和开发进行指导和监督，学校有权利和责任反映在实施国家课程和地方课程中所遇到的问题。

由于三级课程管理制度允许地方和学校自设符合本地、本校实际需要的课程，近年一些地区出现了校本课程开发热，一些学校还通过校本课程的开发与展示，打造本校的办学特色，提升本校的知名度。

一 校本课程开发的概念

（一）校本课程开发的基本概念

"校本课程"是个外来语，这一概念最早于 20 世纪 70 年代出现于英美等国。"校本"一词的字面意义，是"以学校为本"或"以学校为基础"。其基本含义，一是"为了学校"，二是"在学校中进行"。那么，什么是校本课程呢？我们认为，校本课程是学校或校内部分教师，为满足本地区物质文明建设与精神文明建设的需要、本校的发展需要或本校学生的发展需要，所开设的富有特色的课程。一般说来，我国的校本课程是在学校本土生成的，既切合学校的办学宗旨和校内外的资源特色，又能与国家课程、地方课程紧密结合，具有多样性和可选择性的课程体系。尽管人们对校本课程开发有不同的理解，但其共识都强调以学校为基地、结合学校实际情况、由学校成员自主开发。因此，我们对校本课程开发可以理解为：学校在一定的教育哲学和理念指导下，根据学校具体实际，对那些符合本校学生特点，能够体现学校特色的社区和学校课程资源自主进行开发的过程。

但对这一定义理解时应注意两个问题。

首先，校本课程开发是一个动态的、持续的"整体活动"，绝非仅仅编制教材。在一线教育实践中，有些校长和教师往往把校本课程开发等同于"编教材"，这是对校本课程开发的误解。校本课程开发不仅仅指开发出具体的课程产品，更重要的是开发的整个过程。不论何种程度的校本课程开发，都一定意味着对课程进行某种程度的系统安排和规划。有关需求的调研、教育哲学的确立、教育教学目标的设计、内容的选择编写和组织以及教学的安排、课程评价的开展等，都不是以孤立的形式出现的，而是一种整体的设计或规划。在这个过程中，学校得以发展，教师得以提高，学生的学习需求得以满足。那种仅仅热衷于"编教材"的做法，虽然也引起了课程与教学的改变，但是这种零散、非系统的活动不利于校本课程开发实践和理论的深入，也不利于学生的整体发展。

其次，校本课程开发与"兴趣小组""课外活动"既有区别又有联系。"兴趣小组""课外活动"是我国学校教育在实施国家及地方课程的基础上确立的具有学校特色的教育活动，但是绝大多数学校的"兴趣小组""课外活动"处于一种随意和无序状态，离"课程"的意义相差甚远，不能称为课程，它们没有课程设计，缺乏课程意识，缺乏课程目标、课程内容、课程实施、课程评价的整体设计。当然，"兴趣小组""课外活动"可以转变成校本课程开发，对于根据学校实际情况设立的、具有学校特色并具有相对稳定内容和独特功能的"兴趣小组""课外活动"，系统地、规范地考虑其目标、内容、组织实施以及评价，就可以完成转变。从这个意义上说，让"兴趣小组""课外活动"走向"校本课程开发"是当前我国大多数学校校本课程开发建设的有效途径。

（二）校本课程与其他课程的关系

1. 校本课程的开发和校本的课程开发的概念认识

校本课程的开发相当于广义的校本的课程开发，是指以校为本、基于学校的实际状况、为了学校的整体发展，学校自主展开的课程开发活动，它是对学校课程的整体改造，能够体现学校的价值追求和教育理想。如，对国家课程的二次开发或者说国家课程的校本化实施，就属于校本课程的开发。校本的课程开发相当于狭义的校本课程的开发，特指国家基础教育课程计划给学校预留出来的10%～25%的课程的开发。

2. 国家课程与校本课程的概念认识

从制定者角度来看，国家课程亦被称为国家统一课程，是自上而下的、由国家负责编制、实施和评价的课程，具有权威性、合法性、强制性（强迫性）。校本课程特指在国家基础教育课程计划中预留出来的、允许学校自主开发的、在整个课程计划中占10%～25%的课程。从管理角度来看，学校课程是指从学校层面对课程进行管理、开发和实施，它既包括对国家和地方课程的管理和实施，也包括对学校自主开发课程的管理与实施。如表3-1所示。

表3-1 国家课程与校本课程的比较

项目	国家课程	校本课程
课程目标	开发全国统一、一致的课程方案，追求共性（最低标准）	开发符合学生学习或地方特殊需要的课程方案，追求个性和学校特色

续表

项目	国家课程	校本课程
适用范围	全国	单个学校或某些学校
参与人员	教育部门的高级行政管理人员、教育理论家、课程专家、教学法专家	所有与学校课程相关的校内和校外人士均可参与
课程观	课程即书面的课程文件，是计划好的课程方案	课程即教育情境与师生互动的过程与结果
学生观	学生是被动的学习个体，为他们安排的课程可以事前做好详细完善的计划	学生不但有个别差异，也有主动建构知识的能力，课程应按学生需要不断调整
教师观	教师是课程的实施者，职责是依照设计好的课程方案加以实施	教师是课程的研究者、开发者和实施者，教师有主动实施课程、开发课程的能力

3. 校本课程与综合实践活动课程的概念认识

综合实践活动课程是在教师引导下，学生自主进行的综合性学习活动，是基于学生的经验，密切联系学生自身生活和社会实际，体现对知识的综合应用的实践性课程。校本课程是基于学校的实际进行开发的课程。二者的权限不一样。综合实践活动课程属于国家课程，是学校必须开设的一门必修课程；校本课程可以是必修课也可以是选修课，可以是实践性课程，也可以是学科课程。二者的设计目的不一样。综合实践活动课程是达到国家规定的基本教育目标的课程，特别强调学生基本学习能力的培养；校本课程更多地考虑学生的个性发展，但也考虑学校办学理念和学校特色。但它们有着密切联系。尽管综合实践活动课程不是校本课程，但需要利用校本开发的理念与技术。二者课时也可以结合使用。如《义务教育课程方案（2022年版）》中提及："鼓励将小学一至二年级道德与法治、劳动、综合实践活动，以及班队活动、地方课程和校本课程等相关内容整合实施。统筹各门课程跨学科主题学习与综合实践活动安排。

二 校本课程开发的几种模式

为了促进课程开发的科学化和规范化，提高校本课程开发的效率和效能，许多教育工作者都致力于构建课程开发的一般模式。按照价值取向和方案流程的不同，典型的校本课程开发模式为目标模式、过程模式和实践模式。

（一）泰勒的"目标模式"

"目标模式"是指教育工作者以教育目标为核心，组织规划和具体开展课程的开发活动。这一模式的奠基者是现代课程论之父博比特，泰勒则是这一模式的集大成者。泰勒在八年研究的基础上，提出了课程开发的四个经典问题：第一，学校应该达到哪些教育目标？第二，提供哪些教育经验才能实现这些目标？第三，怎样才能有效地组织这些教育经验？第四，怎样才能确定这些目标正在得到实现？这四个问题对应着课程开发的四个任务领域，即选择和界定课程目标，选择和建立适当的学习经验（课程内容选择），组织学习经验（内容组织编排），课程评价。经过半个多世纪的实践检验，"目标模式"不仅被证明行之有效，而且其他模式也难以真正取代它，故这一模式又被誉为课程开发的"经典模式"。

资料链接

《课程与教学的基本原理》评介

1949 年，泰勒出版了《课程与教学的基本原理》，该书被誉为现代课程领域的经典著作。在书中，泰勒阐明了课程开发的四个基本问题，即学校应该达到哪些教育目标？提供哪些教育经验才能实现这些目标？怎样才能有效地组织这些教育经验？怎样才能确定这些目标正在得到实现？这四个问题系统地勾勒了课程开发的一般原理，产生了广泛且深远的教育影响。瑞典学者胡森在其主编的《国际教育百科全书》中高度评价了泰勒的贡献："泰勒的课程基本原理已经对整个世界的课程专家产生影响。不管人们是否赞同'泰勒原理'，不管人们持什么样的哲学观点，如果不探讨泰勒提出的四个基本问题，就不可能全面地探讨课程问题。"

至今，《课程与教学的基本原理》在世界很多国家都多次再版，也仍然是美国各高校教育类专业学生的必读书。施良方教授于 1994 年将该书译成中文，瞿葆奎先生承担了审校工作，由人民教育出版社出版。20 多年来，《课程与教学的基本原理》一直是我国课程论学习者最为重要的参考书目之一。

1. 课程目标的选择与界定

在课程开发的过程中，课程目标的选择和界定是首先必须要解决的重要问题。泰勒通过总结和概括各种观点，提出了简洁明了的确定目标技术理论，有学者将其形象地概括为"三个来源"和"两把筛子"。其中，"三个来源"是指教育目标应该来源于三个方面，即对学习者本身的研究、对校外当代生活的研究和学科专家对目标的建议；"两把筛子"指的是"教育和社会哲学"和"学习心理学"。"教育哲学"和"学习心理学"的基本原则为最终确立教育目标提供了重要的判断依据。

"学校信奉的教育和社会哲学"作为第一把筛子，它可用来鉴别、确定那些具有高度社会价值的目标，即凡是那些与学校信奉的教育哲学和社会哲学观念相吻合的目标，都可确认为是重要的目标，凡是与之相冲突或是毫不相干的就可以舍弃掉。"学习心理学"是第二把筛子，它用来判别学校有可能达到的一系列重要目标，将不适宜于特定年龄阶段学生掌握的目标、太具体或太一般化的目标以及与"学习心理学"相冲突的目标都统统剔除。

确立目标后，目标还必须得到正确的表述。泰勒指出："最有效的陈述目标的形式，是以这样的措辞来表述：既指出要使学生养成的那种行为，又言明这种行为能在其中运用的生活领域或内容。"据此，泰勒创立了能够有效地陈述教育目标的工具——二维图表。借助这一工具，可以将每一个教育目标分解为内容和行为两个方面，即学生应当达到的行为以及运用这种行为的领域或内容。

2. 选择适当的学习经验

教育目标必须通过特定的教育经验才能实现。学生通过经验的学习，从而产生和养成教育目标所规定的行为。泰勒所指的适当的学习经验，不仅是课程所涉及的内容，也不仅是教师所从事的活动，更不仅是知识，而是涵盖了学习者与学习对象及环境、条件之间的相互作用和相互影响。

选择学习经验较为有效的实施程序是：课程编制规划时每个人提出少量在他们看来合适的学习经验，然后通过集体审议的过程来评论、批判和确定那些很有希望进一步完善课程编制的学习经验。

3. 组织学习经验

通常来说，学习经验的组织需要处理好两个方面的关系：一是纵向组织关系，即同一学习领域在不同年级之间的关系，比如三年级的语文与四年级的语文之间的关系；二是横向组织关系，即同一年级不同学习领域之间的关系，比如三年级语文与三年级数学之间的关系。前者对应的是学习的序列，后者对应的是学习的范围。在处理学习经验的纵向和横向组织关系时，应注意恪守连续性、顺序性和整合性的原则。具体来说，所谓连续性原则是指直线式地重申主要的课程要素，即反复强调一些基本的概念、技能等，让学生在一段时间里有机会连续操练，直至掌握为止。所谓顺序性原则是指每一后续经验都建立在前面经验的基础上，并做更深入、广泛的探讨，而不能停留在简单的重复上。所谓整合性原则是指要考虑将不同学习领域联系起来，使学生能够把各学科获得的看法、技能和态度统一起来。

通常情况下，组织的要素是指概念、技能、价值观、态度等内容。按照学科逻辑和学习者的心理逻辑，常用的组织策略包括：第一，遵循年代顺序，比如历史科目的组织；第二，增加应用的广度，比如物理和化学科目的组织；第三，扩大活动的范围，比如社会科目的组织；第四，先描述，后分析，比如科学和道德科目的组织；第五，先采用具体的例证，随后用更广泛和抽象的原理来解释，比如几何科目的组织；第六，由部分到整体，最后形成一种逐渐统一的世界观，如公民科目的组织。泰勒建议人们根据具体情况选用或创造新的组织策略。

4. 课程评价

课程评价是课程开发的重要环节，检验课程的有效性，鉴别课程的优势与劣势，发现需要进一步改进的问题，都离不开课程评价。泰勒认为："评价过程实质上是一个确定课程计划实际达到课程目标的程度的过程。"

（二）斯坦豪斯的"过程模式"

"过程模式"（process model）由英国著名课程论专家斯坦豪斯提出。斯坦豪斯对过程模式的建构是从对"泰勒原理"的批判开始的。在 1975 年出版的《课程研究与开发导论》这部课程论名著中，斯坦豪斯从一个课程设计者的视角对"泰勒原理"进行了详尽而透彻的分析与批判，客观地指出了其局限性和贡献。在此基础上，斯坦豪斯建立了其过程模式的理论框架。

斯坦豪斯在对目标模式进行批判的同时完成了对过程模式理论基础的建构。他提出了过程模式的课程编制方式。过程模式的目的在于编写一种课程说明，阐明存在哪些可能的学习结果，并把这些结果与它们的起因联系起来。

斯坦豪斯认为教师从事教育活动的各种价值，是体现在他所从事的教育过程之中，而不是在他想要达到的结果之中，因此，教学过程可以脱离预定的目标。

（三）施瓦布的"实践模式"

实践模式与过程模式产生的时间大致相同，它是由美国课程论专家、生物学家施瓦布提出的。实践模式的总体思想最初出现于施瓦布的《实践：课程的语言》一书中。

施瓦布认为，课程开发的基本方法是"审议"，"审议"是"实践性课程"的内在要求。课程审议是指课程开发的主体对具体教育实践情境中的问题进行反复谈论权衡，以获得一致性的理解与解释，最终做出恰当的、一致性的课程变革的决定及相应的策略。

1. 审议的集体：以学校为基础的"课程集体"

课程审议是在主体之间进行的，课程审议的主体自然是"课程集体"。施瓦布建议以学校为基础建立"课程集体"，该集体由校长、社区代表、教师、学生、教材专家、课程专家、心理学家和社会学家等组成。之所以要有这些人参与课程的审议，是因为在施瓦布看来，课程实践探究最终要导致课程决策体制的变革。具体说来，他主张变革那种"自上而下"的课程决策模式，确立"自下而上"的模式。

此外，在"课程集体"中，由于各人的经验不同、看法不同，集体审议不是一件轻而易举的事情。集体审议的特点，要求所确认的问题是所有参与者所体验到的或所理解的问题，审议最后做出的行动决定应该是集体共同的决定。

2. 作为一种艺术的课程审议

施瓦布在不同的文章中论述了课程审议的艺术，他特别重视其中两种艺术："实践的艺术"和"择宜的艺术"。"实践的艺术"包括两种，即"观察的艺术"和"问题形成的艺术"。"择宜的艺术"是针对具体教育实践情境的特殊性，对不同理论进行选择、修改和超越，使之适合"实践性课程开发"之需要的艺术。

3. 作为学校本位的课程开发

实践模式是以具体实践情境的特殊需要为核心进行的课程开发，它必然植根于具体实践情境，在这里，课程开发的主体不是课程学科专家，"课程集体"或"审议集体"成了课程开发的主体。在课程集体中，教师和学生是核心要素。因为教师和学生直接参与课程开发，教师和学生本身是课程的构成体系，教师和学生的兴趣、需要及问题是课程审议的核心议题，这些兴趣、需要及问题因人而异、因情境而不同。这种课程开发因而可以称为"学校本位的课程开发"。

思考与练习

在课程开发领域，泰勒的"目标模式"一直被批判但从未被超越。通过对上面三种开发模式的学习，请谈谈你是如何理解这句话的。

第二节　小学校本课程开发

一　小学校本课程开发的意义

在我国，小学校本课程开发主要有以下几方面的现实意义。

（一）可以弥补国家课程开发的不足

我国长期以来一直采用自上而下的国家课程开发模式，强调课程的共性和统一性，忽略了地方社会生活和社会发展需求的实际变化，没有充分考虑到各地方、各学校的实际，难以照顾到众多学生的背景及特点。而校本课程开发尽可能地反映社区、学校和学生的差异性，及时融进最新的科技成果、社会问题，充分考虑到教师的积极参与、学生的认知背景与需要，可以更好地满足地方、学校和学生的需求。

（二）促进学生全面和谐的发展

学生在各种校本课程中各找其需，各显所能，自主选择，在课程和小组中挖掘自己的潜力，在活动中大胆改革和创新。学生的创新精神和实践能力得到了培养。很多的学生在课程中看到了自己的长处，挖掘了自己的潜能，培养了自己的信心。所有的学生都能在这个广阔的舞台上，充分显示自己的才能，张扬自己的个性，释放自己巨大的能力。而这些从参加课程学习中得到的情感、兴趣和方法将会对学生的个性的形成、学习、生活乃至今后的发展产生积极而深远的影响。

（三）有利于教师专业的发展

校本课程开发赋予了教师一定的课程自主权，充分调动了教师积极参与课程开发的热情，为教师的专业发展提供了广阔的空间。另外，校本课程开发是一个由各方面人士参加的合作和探究的过程，在这样的过程中，教师能够在课程专家及其他相关人员的指导和帮助下，反思自己在教学中所遇到的问题，并寻找问题的答案。这样的过程十分有利于培养教师的专业精神，提升教师的专业技能。国内外的许多校本课程开发实践表明，校本课程开发的最大受益者是教师。

（四）有利于形成学校的办学特色

校本课程开发强调学校利用自身的资源，根据不同地区、不同学校的实际情况和特殊需要，进行自主规划、自我负责。这非常有利于学校发挥各自的优势，满足学校"个性化"发展需求，凸显学校办学特色。

二　小学校本课程开发的基本理念

案　例

葫芦的种植管理与艺术设计①

我校坐落于秦皇岛经济技术开发区的最西端，是一所典型的规模较小的农村小学。我校拥有丰富的乡土教育资源，略懂种植技术的教师、学生，精通葫芦烫画的教师，因此，我校决定开发"葫芦的种植管理与艺术设计，培养学生创新能力"这一校本课程。这一课程的开发不但培养了学生热爱劳动的品质，提高了学生艺术创造的热情，同时还培养了学生的创新能力。

课程内容包括：（1）葫芦的种植、管理；（2）葫芦的艺术设计（烫画设计、绘画设计、雕刻设计）。

从上述案例，可以发现要使校本课程开发在课程实践中健康有序地进行，就必须清楚围绕校本课程开发问题形成的基本观点和主张，即校本课程的基本理念。根据国内外学者的研究，我们将校本课程开发的基本理念概括如下。

———————————————

① https://wk.baidu.com/view/53c2f458ad02de80d4d84095.

（一）校本课程开发以学生为本，注重学生的差异性和独特性

无论是何种类型的课程开发，都必须同时考虑到三个方面：社会发展、学生需要和学科知识体系。国家课程更关注社会发展和学科知识体系，而忽视学生的学习需要，尤其是学生差异性的学习需求。事实上，不同学校和学生之间的多样性与差异性特征异常突出，具体到某一所学校的学生群体，仅靠国家课程和地方课程，仍然有相当一部分发展需求不能得到很好的满足。而这些特殊的发展需要，对于学生的成长和发展来说却是非常重要的。这一部分的需求，只有学校最有条件和可能去了解与满足，这就是校本课程的优势。因此，校本课程开发必须基于本校学生差异性、独特性的需要，否则就失去了存在的价值和意义。基于这个理念，在校本课程开发中要尊重学生的差异，为学生提供符合其个性特征的课程及相应的教学，尊重学生的差异。但不意味着只能跟随差异，校本课程开发应以"全面和谐"为基本指向：在保证全体学生都达到国家规定的培养目标的基础上，既要根据学生个人的潜质、能力倾向，发展其独特的具有"特长"的个性，又要根据学生的需要，发展其"需要发展"的个性；还要根据教育的终极目标，即"培养全面发展的人"的需要，使学生个性品质中的诸层面"均衡发展"，防止片面化，走极端。以学生为本的课程理念表现在课程设置和课程内容的选择和设计上，应该关注课程门类的多样性、课程内容的可选择性和适应性、课堂教学方式方法应具有趣味性和丰富性等特性。

（二）校本课程开发倡导教师和学校之间的合作

校本课程开发针对特定学校的实际，而只有学校最了解自身发展需要、学生发展需求、教师状况、社区特征以及家长需要，因此，学校作为课程开发的主体机构，可以集中一切有利于学生发展的教育资源，形成特定的校本课程。广大老师最了解学生实际，他们开发出的课程最贴近现实，这优势是校外专家教授所无法比拟的。所以说，校本课程开发内在地、必然地规定了学校及教师是课程开发的主体。另外，教师作为校本课程开发的主体也是教师教育自由权的回归。就我国而言，随着 2001 年 7 月教育部公布的《基础教育课程改革纲要（试行）》提出"实行国家、地方和学校三级课程管理"的政策以后，我国教师从制度层面获得了课程开发权，并迅速转向实践层面，教育自由权的内容得以扩大。

必须指出的是，学校及教师作为校本课程开发的主体，绝不意味着校本课程开发仅仅由学校及其教师来承担。校本课程开发强调课程的决策应由实施的教师做出，也强调这些决策需要决策结果所涉及的所有人参与，所以，我们还应倡导"全员参与"的合作精神，在课程开发中，以教师为主体，形成一个由校长、研究专家、学生及学生家长和社区人士共同开发课程的合作共同体。校本课程开发不是故步自封，不是排除理论的指导，特别是校外专家学者的指导。实际上，从国内外校本课程开发的成功实践来看，理论的引领和专家的指导不仅是十分必要的且是不可缺少的，否则就会大大影响校本课程开发的质量。校本课程开发本身就不能仅仅

是"学校内部及教师的事"，它应该是在先进的理论、观念指导下的一种实践性研究活动，是专业研究人员、一线教师的合作性研究活动。

（三）校本课程与国家课程、地方课程是互补关系

从校本课程开发活动的产生来看，它是针对国家课程及地方课程难以照顾到不同学校、不同学生的差异性需求产生的。因此，就其定位而言，校本课程不应该是孤立的、与国家课程及地方课程毫不相干的，而应当是国家课程及地方课程的重要的独特的补充，与国家课程及地方课程一起共同构成完整的基础教育课程体系，三者缺一不可。

人的全面发展既包括共性素质的发展要求，又有个性素质的发展需要，国家课程及地方课程主要解决的是作为未来公民所必备的"共性素质"的培养问题，而不同学校不同学生的差异性发展所要求的个性素质的培养则可以由校本课程来实现。国家课程及地方课程主要是国家及地方意志的体现，反映了国家及地方的文化与教育利益，而学校及学生独特的利益的维护则可以通过校本课程来体现。限于主客观条件，国家课程及地方课程只能规定大多数学生必须学习的基本标准、基本框架、基本科目和基本内容，不可能也做不到事无巨细，这就为校本课程开发留下了一定的空间，每个学校都可以在国家规定的留给学校的时空里开发出丰富多彩的校本课程，与国家课程及地方课程一道构成丰富的育人资源。

三　小学校本课程开发的方式

校本课程开发的方式可以分为课程选择、课程改编和课程新编等类型。

（一）课程选择

课程选择是指教师从国家、地方或其他学校的校本课程资源中选择能体现地方和学校特色，能适应本地区、本校和学生的不同发展需要的课程题材，发掘相应的课程资源，直接挑选为教材，也可以借鉴、移植其他地区或者学校课程的开发成果。

（二）课程改编

课程改编是指教师根据学生的识记情况和学校自身的现实条件，对已有的课程进行局部的内容修改或结构调整，设计有创意的课程主题和课程单元。

1. 课程改编

即学校和教师对已有的课程进行修改，以形成一门适合自己实际需要的课程。它也包括引进国外课程进行本土化改造。课程改编一般涉及目标、内容选择与组织、实施方式、评价方式与课程资源的某一方面的修订或几方面的修订。

2. 课程整合

即按照某个重要主题将两门及以上学科知识体系的知识或技能组织成一门新课程，以弥补

以分科为主的国家课程的不足，同时可以为校本课程引进最新的主题元素。

3. 课程补充

指以提高国家课程的教学成效为目的而进行的课程材料开发活动。课程补充材料可以是矫正性和补救性练习、报纸和期刊剪报、声像材料、教学片和电影短剧、图画、模型、图表、游戏和电脑光盘等，这些材料有助于实现内在于正规课程的课程目标。

（三）课程新编

这是指教师在国家课程计划给学校留出的空间内对学校课程进行自主开发。例如，开发突出学校特点的"特色课程"、地方特色的"乡土教材"等。此外，学校还可以开发新兴的专题或学科领域，以适应飞速发展的社会变革和科技进步，这也属于课程新编活动。

四　小学校本课程开发的过程

案　例

台湖镇中心小学校本课程开发方案

一、成立校本课程开发领导小组

联合相关课程专家、教师代表、家长代表组成课程开发领导小组，校长任组长，领导小组负责制定本课程实施方案，统筹课程开发工作。

二、需求评估

（1）对学生情况的分析：我们对1—6年级的150名学生进行了抽样调查，调查结果表明：学生对古诗词、交际英语、走进茶世界、乒乓文化、花样跳绳、叶画世界感兴趣。

重庆谢家湾小学"小梅花"课程的建构与实施

（2）对家长情况的分析：学校地处农村，有大量的社会资源，我们针对即将开设的校本课程与社会有关人士、学生家长进行了对话。结果显示，他们都比较赞同学校利用家乡的资源进行校本课程的开发。

（3）对教师资源的分析：与我校部分教师进行了座谈，大家认为，以教师教研组为单位进行校本课程开发比较合适。大家一致认为，学校进行校本课程开发是有利于学校发展的，是有利于学生整体素质提高的，纷纷表示愿意参与学校的校本课程开发。

（4）对学校与乡镇的课程资源的分析：按课程资源的空间分布特点，可以将课程资源分为校内课程资源与校外课程资源（略）。

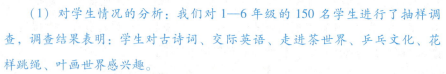

三、校本课程的总体目标

（1）从学生发展的需要出发，开发多层次、多类型、多规格的校本课程，使全体学生都得到充分而全面的发展。转变学生的学习方式，培养其收集、分析、处理信息、解决问题及实践和创新的能力，养成合作、分享、积极上进的品质。

（2）通过校本课程的开发和实践，促进学校管理者、教师开发、设计校本课程的能力，为教师发展提供机会，使教师成为学会学习、学会反思、学会创新的研究者，促进教师专业化成长。

（3）根据新课改精神，创设富有学校特色的，具有文化性、教育性、趣味性的校本课程体系。

四、校本课程开发实施步骤

（1）课时安排。

（2）制定校本课程开发方案与校本课程审议制度。

（3）培训校内教师，并将新课程实验的校本课程开发作为课题来研究，聘请校外校本课程理论的专家指导学校校本课程的开展。

（4）申报与审议。教师组成多个小组，各自合作开发一门校本课程，并写好一份简要的课程纲要和课程简介交学校课程审议委员会，列入校本课程门类目录供学生选择，如果选择这门课程的人少于15人，则此门课程予以取消。目前，我校已开设7门课程。

（5）制定校本课程开发方案。

（6）教师撰写课程纲要。成立校本课程开发小组，确定开设校本课程的教师，必须按格式要求，撰写详尽的课程纲要，并逐步自行编写相匹配的教材或指导用书。

（7）实施课程纲要。

五、校本课程的评价

（1）对课程开发的评价，主要评价指标：课程目标；课程内容；课程供应；教师的配合与改进；学生的表现与改善；学校行政支援；课程设计过程；预期的成果。

（2）对教师的评价（略）。

（3）对学生的评价（略）。

六、课程实施的保障措施

（1）组织保障。

成立校本课程领导小组，校长任组长；联合相关课程的专家、教师代表、家长代表组成校本课程评价领导小组。

（2）制度保障。制定相关的校本课程开发、实施制度。

（3）管理保障。

①聘请有关专家对学校教师关于校本课程的理解、认识、开发、设置、教材编写等进行指导。

②校本课程的教学，与国家课程、地方课程一样计入教师工作量，组织教师总结工作实绩并对突出者进行表彰。

（4）物质保障（略）。

从已有的课程实践来看，大家普遍认为开发校本课程的操作过程包括六大步骤，即组织建立、现状分析、目标拟定、方案编制、解释与实施、评价与修订。

校本课程开发过程是一个专业性比较强的活动，涉及许多复杂的因素。下面结合上述案例对校本课程开发的一般过程做进一步的学习。

（一）组建校本课程开发队伍

进行校本课程开发，首先，学校必须根据自身的各种资源和办学历史，依据学校独特的教育宗旨或教育哲学来确定学校课程开发的发展方向，之后就要成立校本课程开发队伍以便开展各项活动。校本课程开发队伍应包括学校内部人员与外部人员。学校内部人员主要包括校长、主管主任、学科教师、学生代表。外部人员包括地方教育行政部门领导、课程或学科专家、家长和社区代表等。只有内外配合，群策群力，才能有效地促进校本课程开发。

（二）情境和需要分析

只有对各种校内外的情境和需要进行科学、充分的了解和分析，才能开发出适合本学校的课程。校本课程开发要考虑校内的情境和需求，也要考虑校外的情境与需要。校内情境和需求的分析包括对校内资源现状的评估，以及对教师和学生的评估。校内资源包括人力资源、物质和财政条件等。教师是校本课程开发主体，教师自己的知识水平和兴趣在很大程度上影响着课程开发的质量。对学生的评估关系到校本课程的针对性，主要评估学生的家庭背景、身心发展状况。校外的情境主要包括社会需求、社区状况、家庭情况等。从社会需求来看，校本课程要考虑当代社会对人才的新需要。目前，传统单一型人才已不符合时代要求，社会需要全面发展、具备多方面才能的人才，因此，校本课程应给学生提供更多的发展自己专长的机会。从社区需求来看，学校处在一定的社区环境中，总会受到来自社区的多方面影响，因此，学校课程设计应把握社区的活动实际。从家庭的需求来看，现在的家庭发生了许多新变化，包括独生子女增多、妇女普遍就业、家庭受教育程度普遍提高等，应考虑不同家庭结构、经济条件下儿童的需求。

（三）拟定目标

校本课程开发实质就是依据学校教育目标，建构学校的总体课程，并据以实施、评估、改善的过程。所以应先明确学校的教育目标，这样才能为校本课程的建设与发展指明方向和提供依据。

（四）设计方案

目标制定好后，就要进行课程编制。课程编制考虑许多因素，如学校教育目标的要求、社区的实际、学校的实际等。因各学校规模、教师结构等条件不同，校本课程编制的步骤很难相同，但大体包含学校课程编制的基本方针、学校课程编制的具体组织与过程、课程的设置与教学节数的配置三项。

（五）讨论与实施

课程方案实施前需要跟教师、家长沟通与说明，听取他们对实施的意见，争取他们的支持与合作，以便作必要修正，这样才能保证实施的效果。课程实施是将课程方案付诸实践的过程，也就是将书面的课程转化为具有教室情境的教学实践。

（六）评价与修订

评价是课程建设过程的重要环节，通过评价可以真实反映课程现状与目标的差距、现存问题以及需修订的内容，能及时反馈信息，使课程不断完善，从而更有效地促进课程的发展。校本课程评价一般来说要考虑以下四个方面的问题：①评价时间。评价既要包括总结性评价，也要包括形成性评价和诊断性评价。②评价主体。评价主体应以内部评价为主，外部评价为辅，同时主体应多元化，应来自多个领域。③评价内容。评价内容不仅要有结果评价，也要有过程评价；不仅要有对学生的评价，也应包括对教师的评价。④评价方式。校本课程多是非学术性的活动或体验课程，其学习结果不很明显，难以用简单的量化来评价，因此采用定性评价更适宜，如采用档案袋评价、描述性评价等方式。

 研习选题

请你深入一所小学，就该校的校本课程开发做一个调查，了解和梳理该学校开发校本课程的过程。

第三节 小学校本课程资源的开发和利用

一 小学校本课程资源的开发

所谓课程资源的开发，实质上就是探寻一切有可能进入课程，能够与教育教学活动联系起来的资源。由于课程资源具有多样性和多质性的特点，对其进行开发与利用就具有广泛的选择路径，这里主要从教师、学生、学校和社会四个层面来阐述资源开发的途径。

校本课程开发
案例

（一）教师层面的资源开发

教师层面的课程资源开发，实际上是从两个基本前提出发的。一是教师作为课程资源，意味着教师本身需要对自身的智力、情感等进行开发，使这些资源成为教学中介，从而实现学生的发展；二是教师作为开发与利用的主体，通过对各种资源进行开发，发挥课程的基本功能。因而，教师层面的资源开发主要包括两个方面。

教师自身智力资源的开发。教师自身的智力资源不仅是素材性课程资源的主要载体，也是课程实施的首要条件资源，影响着其他课程资源的鉴别、开发、利用和积累。只有把教师的智力资源开发出来，通过教学发挥作用，才能最有效地实现其价值。教师作为课程资源，在性质上属人力资源，具有无限的智慧和创造力，在课程实施过程中，其他资源要想被充分地加以开发，在很大程度上取决于教师的智慧。因此，教师应创造性地开展工作，充分发掘自身的潜能。同时，教师之间也要发展互助与合作的关系，每一位教师都应成为合作者与促进者，在交流经验的过程中，积累、开发、利用其他各级各类课程资源。

教师对教材的开发。目前，中小学教材的编写主要由国家管理，由相关教材研发部门和机构来组织实施，教师对教材的开发属于"二次开发"，即教材的再开发及多次开发。具体来说，指的是在课程实施过程中，教师将与教材内容相关的、对学生学习有意义的材料引入教学过程中，以适应具体的教学情境和学生的学习需求。教材本身就是已经过筛选的课程资源，对教材的再次开发，可使课程内容更为紧密地与学生的经验和生活实际相结合，从而能真正实现新课程改革倡导的"用教材教而非教教材"的理念。虽然教学参考书在一定程度上拓展了教师教学所用的材料，也属于对教材的二次开发，但其预定性未必适合实际的教学情境，并可能会对教师的创造性产生束缚。教师是教材二次开发的当然主体，引导教师对教材进行深入开发，对有效实现课程目标和促进教师专业发展有着重要的意义。

（二）学生层面的资源开发

学生是课程资源的消费者和重要载体，因而，学生是资源开发过程中不容忽视的对象，学生不仅是课程计划、教学设计的出发点，而且是课程实施、教学活动的真正主体。尊重学生、关心学生，是促进学生主动发展的前提，是实现课程目标的基本保障。一方面，作为重要的课程资源，教师不仅要把学生当作工作对象加以爱护，更应该将其作为课程与教学的核心组成部分，尊重学生的主体地位；另一方面，教师应了解学生，研究学生，以学生为本，而非以教材为本。了解学生不是为了控制学生，而是为了更好地帮助学生自主探索与学习；研究学生不是为了简单地教教材，而是为了选择更合适的教学内容和教学方法，帮助学生有效地掌握知识，实现个性发展。

要想真正促进学生的发展，就需要把学生从各种模式和规范的束缚中解放出来，还学生以自主、生动、活泼发展的自由，激发学生的积极性、主动性和创造性。解放学生是实现发展情感目标、能力目标的重要前提，而激发学生的积极主动性是增强学生学习创造性的必要保证。解放学生不是放任自流，激发学生不是盲目煽动学生的激情，而是因势利导，使学生探究的本性得到自然的发挥。解放学生要求在课程与教学的目标设计、课程与教学方案的组织实施以及评价等各个环节都要以学生发展为核心，避免将学生束缚于教材，局限于课堂；激发学生则要求课程与教学面向学生的生活实践，从学生活动中寻求课程与教学的主题。

（三）学校层面的资源开发

学校层面的课程资源开发主要集中在对学校图书馆、资料室、实验室、多媒体教室、校园文化建设以及各种非正式课程等的利用上。对许多学校来说，这些设施设备与资源虽然早已存在，但却没有被当成开发对象，其价值并未很好地发挥出来。

学校层面的课程资源开发应当注意如下问题：首先，要加强校内教学场所等设施建设，把校内课程资源与校园文化建设、校园隐性课程等结合起来，为教学顺利进行创造条件；其次，学校在校本课程建设过程中，应把学校课程资源开发作为一项重要的工作加以对待，使校本课程与地方课程、国家课程相互支持，并成为后两种课程资源的补充；最后，学校要主动与家庭、社区、部队、工厂、农村进行联系，把校内课程资源与校外课程资源有机地结合起来。

（四）社会层面的资源开发

社会层面可资利用的课程资源范围极为广泛，包括图书馆、科技馆、博物馆、文化馆、艺术馆、工厂、农村、部队、政府机关、高等院校和科研院所以及广阔的网络资源等。上述资源中也含有丰富的人力资源因素，如社区内可开发的人力资源包括社区的管理者、企业界人士、专家学者以及其他具有各种专业特点或专长的居民等，就目前我国学校教学的实际而言，对以上资源的开发和利用还远远不够。

小学校本课程资源的利用

所谓课程资源的利用，就是充分挖掘被开发出来的课程资源的教育教学价值。所以，课程资源的开发与利用是密切联系在一起的，开发是利用的前提，利用是开发的目的。①

教师要善于接近并利用课程资源，主要有三种途径：一是有效利用乡土资源，二是善于利用已开发资源，三是善于挖掘课程资源的多样性。

（一）有效利用乡土资源

乡土课程资源实际上是指师生生活的这片广袤土地上所蕴含的历史、地理、文化、风俗等一切对课程活动和课程目标有价值的资源。乡土课程资源以家乡特色教育资源为基础，可以唤醒孩子们对家乡、对祖国的热爱，实现小学教育中最重要的情感教育。

教师应该清楚地认识到乡土资源对于教学的意义。作为具有主观能动性的个体，教师要想充分地利用乡土资源进行教学，首先就要了解乡土资源，尤其对本学科有关的乡土资源有一个全面的把握和清醒认识。②

1. 将乡土资源作为教学案例

在教学案例的支持下，教师的教学会更加生动活泼，富有生趣。比如，兰州生产百合，在科学课中教师可以运用百合作为植物的典型特例，让学生从春、夏、秋、冬四季分别开展观察研究，这对于了解植物的一般特征和各个阶段的生长发育都有很大的帮助，尤其在对学生的情感态度价值观的培养上也起到了无可替代的作用。③

2. 适当组织学生进行实地参观、考察

实地参观和考察会让学习更直观，更能引起学生情感的共鸣。比如，江西是红色革命的摇篮，毛泽东、朱德等老一辈无产阶级革命家用鲜血和生命铸就的井冈山精神及反映井冈山宝贵精神财富的革命旧址、革命博物馆、烈士陵园等载体，是丰富的红色资源，可以作为小学校本德育课程的资源。

3. 寻找符合小学生认知特点的民间故事和民间游戏

引用接地气的民间故事和民间游戏，可以让严肃的科学知识更贴近我们的生活。数学的科学内涵是严谨、刚性的，如果数学教师能够更多关注数学知识历史背景的挖掘追索，将历史事件、文化传闻或科学趣事等一并纳入资源组合的广阔视野，就可以拓宽学生的知识领域，丰富学生的精神世界。《孙子算经》里记载："今有雉兔同笼，上有三十五头，下有九十四足。问

---

① 徐继存，段兆兵，陈琼. 论课程资源及其开发与利用 [J]. 学科教育，2002 (2)：1-5.

② 吴超群. 小学语文教育中乡土课程资源的利用研究 [J]. 教育导刊，2015 (12)：59-62.

③ 祁玲英. 农村小学科学课程中利用乡土资源教学的策略研究 [D]. 西北师范大学，2015.

雉、兔各几何？"这道最早的"鸡兔同笼"题，可以让学生真切感受到我国古人的聪明智慧——在 1500 年以前就想出了解题的巧妙办法！学生感觉到自己的学习内容竟然是"历史名题"①，会让学生感受到文化传承的美妙。

（二）善于利用已开发资源

许多优秀教师团队和网络课程公司致力于开发优质的课程资源，如果教师能善于寻找优秀的线上和线下课程资源，主动思考其价值并加以改造和利用，将会取得事半功倍的效果。

线下资源方面，窦桂梅带领团队开发的小学各学科的质量目标手册是国家课程校本化的一个生动案例，此外，北京亦庄实验小学的"全课程"、北京十一学校开发的世界文化艺术节、绵阳东辰小学的家庭课程、南京五老村小学开发的电影课等都是非常值得借鉴的优质资源。

线上资源方面，网易公开课、中国大学 MOOC、智慧树等网络教学平台上具有大量的优质网络课程，教师可以多利用已有的课程资源，丰富自己的教学活动。

（三）善于挖掘课程资源的多样性

课程资源具有多样性的特点，即便是同一课程资源，对于不同课程会有不同的用途和价值。例如，某学校附近的山就可以进行多用途的挖掘，可以是体育课程中的体育锻炼资源，也可以是劳动技术课中的植树手工资源，还可以在艺术教育中陶冶学生的情操，或者可以在生物课中用来调查动植物的种类。

本章知识结构导图

```
                        ┌ 校本课程开发的概念
            校本课程开发概述┤
                        └ 校本课程开发的几种模式

                        ┌ 小学校本课程开发的意义
小学校本        小学校本   │ 小学校本课程开发的基本理念
课程开发 ┤      课程开发 ┤
                        │ 小学校本课程开发的方式
                        └ 小学校本课程开发的过程

            小学校本课程资源 ┌ 小学校本课程资源的开发
            的开发和利用   ┤
                        └ 小学校本课程资源的利用
```

---

① 蔡剑敏. 资源整合：构筑理想的数学课堂——谈小学数学课程资源合理开发和利用的研究策略 [J]. 数学学习与研究，2018（12）：155-157.

📖 历年真题

1.【2017年上】在专家指导下，地处贵州东南的侗察中学组织有关教师对面临传承危机的侗族织锦工艺进行课程开发，开设了具有民族特色的"侗族织锦课程"，该课程属于（　　）。

参考答案

　　A. 国家课程　　　　　　　　　B. 地方课程

　　C. 校本课程　　　　　　　　　D. 社会课程

2.【2016年下】沈老师收集废旧轮胎、破篮球、废纸箱、塑料绳等废旧材料，"变废为宝"，将之改造成各种合适的教具、学具，这表明老师具有（　　）。

　　A. 教学资源开发能力　　　　　B. 课程组织实施能力

　　C. 教学程序设计能力　　　　　D. 教育科学知识

3.【2019年下】在小学课程实施过程中，教师挖掘和利用的民风民俗、传说故事、传统节日、文化活动等资源属于（　　）。

　　A. 自然资源　　　B. 校内资源　　　C. 社会资源　　　D. 个体资源

4.【2017年下】泰勒在《课程与教学的基本原理》中提出了课程开发的"目标模式"，这一模式的主要局限在于（　　）。

　　A. 程序不清晰　　　　　　　　B. 过分强调预设性目标

　　C. 缺乏逻辑性、系统性　　　　D. 不重视课程评价环节

5.【2018年上】某学校开发一门介绍当地风俗、物产与人物的课程，该课程属于（　　）。

　　A. 地方课程　　　B. 校本课程　　　C. 隐性课程　　　D. 分科课程

6.【2021年上】某小学有计划地将当地民谣融入语文课程，这属于（　　）。

　　A. 国家课程校本化　　　　　　B. 校本课程开发

　　C. 国家课程地方化　　　　　　D. 地方课程开发

📂 知识点检测

1. 请对比分析国家课程与校本课程。

2. 泰勒的目标模式提出的课程开发的四个经典问题是什么？

3. 应该如何开发和利用教师自身的课程资源？

4. "学生是一种重要的课程资源"，请阐述你对这句话的理解。

参考答案

第 四 章

小学课程实施与评价

学习目标

　✦ 理解小学课程实施的内涵、取向以及影响因素；
　✦ 掌握小学课程实施的基本模式；
　✦ 理解小学课程评价的内涵、功能、对象及类型；
　✦ 掌握小学课程评价的基本模式。

案例导入

小画家①

　　在小学低年级的一节语文课上，老师正在带领学生学习《雪地里的小画家》。该课文的主要内容是说，冬天下雪了，大雪将整个原野都覆盖起来。清晨，小狗、小鸡等小动物都出来了，纷纷用自己的蹄或爪子在雪地上画出了美丽的图画。老师在完成教学任务以后，向学生们提了一个问题：为什么青蛙和蛇没有出来？不一会儿，有一个学生站起来回答说："老师，因为青蛙和蛇没有毛衣服，怕冷，所以待在家里没出来。"老师听了以后很不高兴，用非常严厉的口吻说："不知道就不要乱说！"在让这个学生坐下后，老师又问全班同学："谁知道？谁能够告诉大家正确的答案？"这时候，教室里安静极了，再也没有人站起来回答。看到这种情形，老师说："我告诉你们，青蛙和蛇是冷血动物，冬天需要冬眠，所以不可能出来。这个道理等你们上初中以后就明白了。"

　　以上案例给我们呈现了小学语文课程实施中的情境，从中我们可以看出，这样的实施过程是有着不少问题的，不利于学生的成长与发展。那什么样的课程实施是比较好的呢？课程实施

---

① 但武刚. 教育学案例教程 [M]. 武汉：华中师范大学出版社，2007：47.

有哪些基本取向呢？课程实施有哪些基本模式呢？影响课程实施的因素有哪些呢？让我们带着这些问题走进本章的学习吧。

第一节　小学课程实施

一　小学课程实施的内涵与取向

（一）小学课程实施的内涵

目前，人们对课程实施的本质有着不同理解，归结起来主要有两种观点。第一，课程实施是将课程方案付诸实践的过程。实施是达到预期教育目标的基本途径，实施的焦点是实践中发生改革的程度和影响改革程度的那些因素。第二，课程实施就是教学。这种观点主要针对课程与教学割裂的问题提出的。教学总是特定内容的教学，它内在地包含着内容；课程作为内容，它是教学的内容，脱离了教学的课程是"空置"的内容。教学与课程是内在统一的，课程实施就是教学。① 基于上面这两种观点，课程实施从本质上来说，既不同于课程的采用，也不是新课程计划的照搬，课程实施是一个过程，而不是一项事务，是一个动态的过程，而不是一种镜式反映。② 课程实施是一个主观见之于客观的实践过程。

总体而言，课程实施，是指在现实意义上，调和与平衡影响课程实施的诸因素，采纳、调适与应用课程方案，创造教育新文化的过程。③ 而小学课程实施则是在小学背景之下进行的课程实施。简言之，课程实施就是把新的课程计划付诸实践的过程，也可以说是把书面的课程转化为具体教学实践的过程。④

（二）小学课程实施的取向

课程实施取向，是指"对课程实施过程本质的不同认识以及支配这种认识的相应的课程价值观"，是我们在课程实施的过程中，首先要考虑的问题，是开展课程实施的奠基性条件。迄今为止，人们普遍认同美国学者斯奈德（Snyder J.）提出的"忠实取向"（fidelity orientation）、"相互调适取向"（mutual adaptation orientation）和"创生取向"（enactment orientation）三种课

---

① 黄甫全. 现代课程与教学论（第三版）[M]. 北京：人民教育出版社，2014：268.
② 钟启泉，汪霞，王文静. 课程与教学论 [M]. 上海：华东师范大学出版社，2008：168.
③ 黄甫全. 现代课程与教学论（第三版）[M]. 北京：人民教育出版社，2014：268-269.
④ 钟启泉，汪霞，王文静. 课程与教学论 [M]. 上海：华东师范大学出版社，2008：166.

程实施取向。

忠实取向，指课程实施是课程实施者按部就班地且不折不扣地执行预定课程方案的过程。这一取向是实实在在和实事求是的。依据这一取向，衡量课程实施成功与否的基本标准就是预定课程方案的实现程度。成功的课程实施即课程方案实现程度高；反之，课程实施失败则是课程方案实现程度低。坚持忠实取向的课程实施者，难以对课程方案做出变革，更多地强调忠实执行、按部就班。从忠实取向的本质来看，课程设计是这种取向优先考虑和重点权衡的对象，在一定意义上来说，因为课程经过事先规划，所以具有一定的示范作用和明确的效用，教师能够毫无疑问地接受，而且教师应该忠实地执行，课堂中课程实施是付诸实际教学行动的，很显然必须完全符合课程设计人员事先设计的意图与设想。一旦新的课程计划不能按照事先设计的意图忠实地实施，则所投入的大量的人力、物力、财力以及精心的设计都将付诸东流。由此，课程实施的效果也会大打折扣。

相互调适取向，指课程实施是预定课程设计方案与学校课堂情境之间相互适应的实施过程。这种相互适应应该包括两个方面的内容：一方面是课程方案为适应具体学校或班级的实际情况要进行调整，尤其是在课程目标、内容、方法和组织形式等方面要以适应为目标，这是课程实施的第一标准；另一方面是学校课堂实际情境应该为适应课程方案而发生相应的改变。其实，对于课程实施者来说，坚持这一取向就意味着可以将课程实施理解为"协调与变革相伴相随"，注重课程实施的过程性与程式化，只要课程实施难以达到其目标就应该做出相应的调整以便适应其发展。在此，我们不难发现，坚持这种取向的意图在于强调课程实施不是单向的传达、灌输或接受，而是双向的互动。课程并不是一成不变和不可改变的，因为课程设计与实施之间有一段距离，故而，规定的课程方案与实施的课程方案之间不可能是完全对应的，甚至会在一些方面存在差异或不一致。在实际教学中，每个教师面临的学生情况不可能都相同，同时，教师对课程的解读与实施的能力还存在一定的差异，理应根据各自的情况做出相应的调整。计划赶不上变化，这是妇孺皆知的道理，任何事情的发展都不像复印机的工作一样，不会存在突发情况。这就要求我们对预先设计好的课程做出合适的修正和改变，因境而变，才是课程真正的价值所在。

创生取向，指课程实施是师生根据具体教育情境的不同相互碰撞探索到新的教育经验的过程。该取向强调的是一个创生的过程，一个生成的过程。课程设计阶段的所有课程方案等资料仅仅是用来创生的背景材料和支架性材料，是一种真正意义上生成课程的有价值的资源，凭借这些资源，课程实施可以顺利进行，从而达成相应的目标，不断产生相应的课程效应与价值。很显然，这种取向的课程实施更多的是关注教师与学生的实际意义上的教学过程与活动，认为只有通过对话、沟通等方式建构处理的课程才是真正意义上的课程。由此，课程知识不是由课程设计者搬出来的，而是学习者个人主动建构的。与之相对应的，课程的变革也不仅仅是变革知识传授等外在行为，而更应该考虑教师与学生之间的教学相长与发展问题，涉及学生的方方面面，尤其是认知、情感、意志方面。可见，这种取向的课程实施在一定意义上使关注的焦点发生变化。外部情境因素影响经验的衍生是一个非常重要的问题。

综上所述，不同的课程实施取向，在课程理念与课程变革的观点以及教师角色与作用等方面都有较大的差异，没有一个绝对完美的取向，各种取向都各有优劣与适用条件与情境，我们在研究时应该充分借助其优势，推动课程实施的发展。我们不难看出，没有所谓的最正确的课程实施的价值取向，因为课程实施没有统一的标准答案，也不是机械化的行为。

二 小学课程实施的基本模式

（一）研究—开发—推广模式

研究—开发—推广模式把课程实施视为一种理性化和技术化的过程，认为课程变迁就是由学科专家与课程专家针对具体的学科或课目问题进行的研究，并根据研究结果开发新课程方案，然后把方案投入学校进行推广使用。研究—开发—推广模式具有其特定的基本内涵：①课程方案由专家设计而使其臻于完美，并且假定这样的方案能适合不同的学校情境，教师很少有机会进行现场修改；②认定课程实施所需的技能，既可以具体化又可以学会；③认定课程目标会得到课程开发者、教师和学生的认同；④评价课程实施的成功与否，以对课程方案的"忠实"程度为标准，课程方案的使用者成为课程变迁的被动接受者。[①] 由此可见，研究—开发—推广模式的基础是研究，其研究的水平直接决定课程实施的质量，课程开发则是根据研究的基本原理开展工作的，课程开发完成后，付诸实践的便是推广与采用开发的成果。这个模式具有一定的理论与实践相结合的意味。

（二）兰德变迁模式

兰德社团于1973—1977年对美国联邦政府资助的教育改革展开研究，发现成功的课程实施实际上是一个相互调适的过程，进而提出了兰德变迁模式。兰德变迁模式由启动、实施和合作三个阶段组成。①启动。课程变迁的发起者致力于让变迁得到所有参与者（如教师、行政人员等）的理解和支持，这就需要对变迁的目标做出解释。②实施。新课程方案与学校组织之间相互调适，既定的课程方案、教职员工的观念与能力以及学校的组织结构等都可能有所改变。③合作。所实施的课程方案已经成为现行课程体系的一部分，需要课程专家、教育行政管理人员、教师、社区代表甚至家长等密切合作，从而保证所实施的方案不断得到人力与财政支

---

① 黄甫全. 现代课程与教学论（第三版）[M]. 北京：人民教育出版社，2014：277-278.

持。① 在启动阶段，课程实施的发起者先要让大家了解新的课程计划，并一致同意把这项任务作为学校工作的共同目标，从而赢得大家的支持。在实施阶段，为了适应本校的情况，需要对新课程计划的重点和要点进行适当调整。而在合作阶段，为了新课程能按既定方式实施下去，领导者需要提供必要的人力和物力。这个模式的基本假设是：课程实施的成功，取决于课程变革的特征、教学和行政管理人员的能力、社区环境，以及学校组织结构等因素。②

（三）变迁阻力消除模式

霍尔（Hall，G. E.）和劳克斯（Loucks，S.）在对学校的课程实施进行研究之后发现，随着课程实施的进程，教师所关心的事项存在规律性变化的现象。变迁阻力消除模式宣称，计划性课程变迁的成败，取决于课程领导者是否有能力克服教师对新课程方案的抵制。变迁阻力消除策略，有管理上的权力平衡和实施中的以关注为本的两种类型。教师对课程变迁的抵制是变迁的阻力，消除变迁阻力的一种方法是在学校管理层和组织成员之间建立一种"权力平衡"。消除变迁阻力的另一种方法是确定和处理好教师所关注和忧虑的事情。事实上，有学者将变迁阻力消除模式归类为以关注为本的采用模式。③ 实际上，这个模式可以将课程实施的过程划分为两个基本阶段：发动阶段与运作阶段。换言之，在课程实施之前，有一项工作特别重要，那便是发动和动员工作，必须使教师认知该工作的实际意义。

（四）组织发展模式

组织发展模式强调学校组织的发展，强调提升学校组织解决问题与自我更新的能力，强调进行团队工作与形成组织文化。弗伦奇（French，W. L.）和贝尔（Bell，C. H.）描述了组织发展不同于较为传统的组织介入的七个特点：①重视团队在处理问题中的作用；②重视团体及团体间的活动过程；③运用行动研究；④强调组织内部的合作，并视其为主流文化；⑤文化被视为整个组织系统的核心；⑥让组织负责人成为顾问兼促进者；⑦赞赏组织在不断变化的环境中表现出来的动态性。该模式基于"个体是关注未来的"这一主要假设，认为人们渴望积极地参与到设计、发展、实施和评价教育系统的活动中去，他们期望通过实施新课程达到师生的预期目标，并最终促进社会的进步。④ 由此可见，该模式实质上是承认课程实施者的主体地位，强调其主观能动性，强调课程实施是一个没有终点的发展过程。

（五）情境模式

持创生取向的帕里斯（Paris，C.）提出了课程实施的情境模式。情境模式基于三个假设：①课程知识包括情境知识，这些情境知识是教师在教学实践过程中创造出来的；②课程变迁体

---

① 黄甫全. 现代课程与教学论（第三版）[M]. 北京：人民教育出版社，2014：278.
② 施良方. 课程理论——课程的基础、原理与问题 [M]. 北京：教育科学出版社，1996：138.
③ 黄甫全. 现代课程与教学论（第三版）[M]. 北京：人民教育出版社，2014：278-279.
④ 黄甫全. 现代课程与教学论（第三版）[M]. 北京：人民教育出版社，2014：280.

现为一种个体在思想和行为方面的成长与变化过程，并不体现为一种课程设计与实施的组织程序；③教师不论是调整和创造自己的课程，还是对别人创造和推行的课程做出反应，他们的课程实践总是基于他们对特殊情境的知觉。[①] 由此可以看出，课程实施的情境模式侧重于考察教师在复杂的情境下的创生过程，而不是静态的描述。

三 小学课程实施的影响因素

课程实施的影响因素众多，我们梳理出以下五种主要的因素。

（一）文化背景

课程实施的文化背景，主要包括课程实施的取向和学校及社区的历史文化等。如上所述，不同的课程实施取向在很大程度上影响着人们的课程实施。忠实取向强调按部就班地开展课程实施，在创新性方面自然不够，甚至连基本的变革都不一定有。相互调适取向强调的是因情境而改变，随时可能调整课程方案，促使课程实施朝着良好的态势发展。创生取向则强调课程实施者的主体地位与课程实施的建构性，课程方案则变成了课程生成的背景材料。

学校及社区的历史文化是课程实施的重要影响因素，是文化背景中最为鲜明的要素，其与教育文化传统以及传统的现代化有着千丝万缕的联系。如果一个学校的文化传统的氛围与当今的课程改革一脉相承或者不具有冲突性，那么这种文化传统就能在改革中更加辉煌灿烂，更具有底蕴。反之，如果一所学校的文化传统与课程改革有一些冲突，则会在一定程度上不利于课程改革与发展，甚至有可能成为改革发展的阻力。社区文化也在很大程度上影响着课程的发展。社区文化背景也是一种非常重要的因素，在无形之中影响着课程实施。

（二）实施主体

课程实施的主体主要包括教师、校长和学生。

1. 教师是课程实施的决定因素

可以说，课程实施成效依赖于教师的思维和行动。教师的决定作用主要表现在"方案学习""相互支持"和"知识重构"上。课程实施是教师的学习过程。在教师理解与把握课程改革的理念、目标、内容和方法之后，才能决定是否接受这个方案，这是课程实施的前提。如果教师拒绝学习或"假学习"课程方案，课程实施就失去了前提。课程实施是教师之间相互支持与合作的过程。教师在课堂教学中拥有相当大的自主空间，这容易使课堂成为每位教师的独立王国，每位教师的教学彼此孤立，随着时间的推移，对于整体性的课程与教学问题，教师们不愿意通过合作共同解决。鉴于这种情况，只有教师之间加强相互支持与合作，才能推进课程

---

① 黄甫全. 现代课程与教学论（第三版）[M]. 北京：人民教育出版社，2014：280.

实施。课程实施是教师观念和知识"重构"的过程。只有教师转变旧有观念，确立对新课程的正确态度，更新已有知识，掌握或生成新课程所需的知识经验，才能保证课程实施的顺利进行。但是，并非所有的教师都会积极主动地"重构"观念和知识，因此可以说课程实施的最大阻力和动力都源于教师。[①]

事实表明，一些课程计划没有取得预期效果，并不是课程计划本身的问题，而是由于教师不积极参与或不能适应。虽说通过各种交流可以提高教师的理解和认识，但课程实施的一些技能、方法、策略，需要通过一定的培训。[②]

2. 校长是课程实施的保障因素

校长是学校教育哲学确立的关键，是教师群体动力激发的关键，其在课程实施中的作用不容忽视。当下人们较为关注校长的领导风格对课程实施的影响。专题研究发现，校长的远见、推动力和决策的一致性等，均是促使教师实施课程创新的重要因素；课程实施的成功，需要校长致力于学校合作性文化的建设，鼓励教职员进修，经常性地运用沟通文化规范、价值和信念，增强个人责任感，与他人分享权力等措施。[③] 西方有的学者甚至认为："课程实施的最大障碍就是教师的惰性。"这里的"惰性"，我们可以把它理解为习惯做法。所以学校领导要在学校里形成一种气氛，让所有教师都感觉到他们的意见和建议是受欢迎的，他们的各种尝试一并会被尊重。[④]

另外，我们从校长的角色可以看出，校长在课程变革中起到了领导者的作用，对学校课程的开发与实施都有着实质意义上的影响。学校课程的开发与实施的情况如何，很大程度上受到校长的支持程度的影响。校长要在课程实施中做好坚强后盾，才可能把实施工作做好，否则很可能流于形式。

3. 学生是课程实施效果的体现者

学生作为课程实施的重要主体，其作用也是不容小觑的，甚至可以说课程实施与学生有着不可分割的重要联系。学生参与课程过程的积极性和收获在很大程度上影响着课程实施的开展。学生自身在课程实施中也是一种重要的资源，其资源主要包括能够提供相应的数据、能够积极参与课程实施。此外，所有课程真正的受众都是学生，学生是检验课程实施的重要试金石，只有处理好了课程实施与学生之间的关系才能真正意义上开展好课程实施工作。

（三）实施对象

课程实施的对象，即是课程自身。课程方案的清晰度、课程材料的质量和新课程对旧课程

① 黄甫全. 现代课程与教学论（第三版）[M]. 北京：人民教育出版社，2014：271.
② 施良方. 课程理论——课程的基础、原理与问题 [M]. 北京：教育科学出版社，1996：146.
③ 黄甫全. 现代课程与教学论（第三版）[M]. 北京：人民教育出版社，2014：271.
④ 施良方. 课程理论——课程的基础、原理与问题 [M]. 北京：教育科学出版社，1996：146.

革新的范围和程度等，都是影响课程实施的因素。如果课程方案的清晰度不够，教师就会觉得方案非常复杂、含糊不清，不知道实际上该做些什么，从而造成回避方案的状况。课程材料的质量，诸如材料的难度、实用性与学生接受水平之间的适切性等，影响着教师实施新课程以及学生学习新课程的态度。为保证课程顺利实施，要求课程材料及其组合方式"反映一种新的教学观念，具有一定的理论基础，有新意，而且能够达到课程研制的目标"，课程材料体系"内部符合循序渐进的规律，外部与其他学科能够相互配合"。新课程对旧课程革新的程度和范围，也影响着课程实施。如果新课程改革的力度大、范围大，而课程资源的开发、教师队伍的整体素养和数量等配套条件不能很快跟进，那么，新课程实施就会面临巨大挑战，在实施过程中将困难重重。①

（四）管理

地方教育当局对课程实施的管理，直接影响着课程实施的水平。如果教育当局实行优先发展教育的策略，并将课程改革置于教育发展的核心地位，那么对课程实施的经费和人力投入就会较为充足，从而为课程实施奠定坚实的基础。同时，教师聘用制和校长聘任制的有效实施，可以增强教师和校长参与课程实施的紧迫感和积极性；师资队伍建设与发展体制的合理健全，可以提升课程实施的质量；督导机制的科学化，可以指引课程实施朝着科学的方向前进。而这些体制与机制的建立与完善，都需要强有力的管理才能达成。② 就一般而言，采用新的课程，对教师来说，意味着要放弃原来熟悉的一套方法和程序，而且有些曾是成功的做法。③

（五）环境

课程实施的环境，主要包括学校现有教育条件和社区课程资源等一切实际的课程实施影响因素。

可以肯定地说，学校现有的教育教学条件与环境资源是课程实施者首先要面对的影响因素之一。在现代化教育教学环境中，教育活动场所和其中的教育资源是课程实施的必要保障。毋庸置疑，教育条件越好，课程实施的效果可能越好，因为这样便于调动课程实施者的积极性。

而社区的课程资源则是课程实施的重要补充，社区周围环境中的各种公共资源包括各种文化实体资源和网络资源，诸如博物馆、科学馆、图书馆、教育网络资源中心、青少年活动中心等都是有利于课程实施的重要补充资源。

（六）理论基础

众所周知，理论是指导实践的重要力量，课程实施是需要丰厚的理论基础来指引的。理论越好实践则有可能变得更好。在课程实施中，我们必须考虑课程论的发展情况、教学论的发展

---

① 黄甫全. 现代课程与教学论（第三版）[M]. 北京：人民教育出版社，2014：272.
② 黄甫全. 现代课程与教学论（第三版）[M]. 北京：人民教育出版社，2014：272.
③ 施良方. 课程理论——课程的基础、原理与问题 [M]. 北京：教育科学出版社，1996：146.

情况，以及心理学特别是教育心理学的发展。我们要成为理论发展的时代哨兵。理论在一定意义上能指导我们开展实践，只有紧跟理论研究的前沿，才能对我们的课程实施产生具有实践价值的影响。

第二节　小学课程评价

一　小学课程评价的内涵及功能

（一）小学课程评价的内涵

1. 评价的内涵

评价一词始见于我国的北宋时期。《宋史·戚文同传》中说："市场不评价，市人知而不欺。"这里的"评价"是指讨价还价、评价价格的意思，与我们现在通常所说的评价的意思相去甚远。美国学者格朗兰德通过两个公式对评价作了简要的概括：评价＝测量（量的记述）＋价值判断；评价＝非测量（质的记述）＋价值判断。从格朗兰德的这一界定中，可以看出评价是一种在事实判断基础上的价值判断，它既注重对评价对象的客观描述，又强调对评价对象的解释和判断。现在的评价泛指人们依据自己的需要和见解，对作为客体的人或事所客观具有的或正面或反面的价值属性的判断和衡量。① 简单地说，评价是根据一定的评价标准对事物及其属性做出的价值判断，它包括评价标准、评价主体、评价方法、评价客体、评价结果等要素。

2. 课程评价的内涵

课程评价是评价的一个重要领域，因课程的内涵多样化以及课程评价本身的复杂性，学术界对课程评价的理解存在不一样的见解。在西方，代表性的观点有：

①课程评价被定义为"是确定教育活动的结果相对教育目标的实现程度"。主要代表人物为泰勒，他认为："评价过程在本质上是确定课程与教学大纲在实际上实现教育目标的程度的过程。但是，鉴于教育目标实质上是指人们行为方式所发生的变化，也就是说，所要达到的目标，是指在学生行为模式中产生某种所期望的变化，因此，评价是一种确定行为发生实际变化的程度的过程。"② 泰勒把评价看作是对目标达成与否的判断，注重结果与目标的对比。

②课程评价被定义为"是为决策提供信息的过程"。主要代表人物是克龙巴赫、斯特夫尔

---

① 胡德海. 教育学原理 [M]. 兰州：甘肃教育出版社，1998：610.
② 瞿葆奎. 教育学文集·教育评价 [M]. 北京：人民教育出版社，1989：301.

比姆。克龙巴赫认为："我们可以把评价广泛地定义为，为做出关于教育方案的决策，收集和使用信息。而需要通过评价提供信息的决策包括教程的改革，关于个体的决策、行政的调控。"① 斯特夫尔比姆继承了克龙巴赫的观点，他认为"评价最主要的意图不是为了证明而是为了改进"，并进一步阐述"评价是一种划定、获取和提供叙事性信息的过程。这些信息涉及研究对象的目标、设计、实施、影响的价值和优缺点，以便指导如何决策和满足教学效能核定的需要，并增加对研究对象的了解"。② 克龙巴赫和斯特夫尔比姆都注重评价的过程，强调评价的决策和改进功能。

③课程评价被定义为"是一种判断性活动"。主要代表人物是斯克里文。在斯克里文看来，"教育评价是一种对优缺点或价值的评价，或者是一种既有描述又有判断的活动。其着重点在判断教育活动、教育过程和教育结果所产生的效益，看其是否具有价值"。③ 斯克里文强调评价应关注预期和非预期效果。

在我国，对课程评价的系统研究起步较晚，20世纪80年代后，随着国外课程理论的不断引进和国内课程专家对课程评价问题的持续关注，课程评价在研究的广度和深度上都得到了快速的发展，其研究成果日益丰富。在一些相关的著述中，课程评价有代表性的定义为：①课程评价是根据一定的课程价值观或课程目标，运用一定的科学手段，通过系统地收集分析、整理信息、资料，对课程方案、课程实施过程和结果等的价值或特点做出判断，从而为课程决策提供可靠信息的过程。④ ②课程评价作为教育评价的重要组成部分，是通过系统调查、收集数据资料，对学校课程满足社会和个人需要的程度做出判断的活动，以此来决定是否接受、改进或排除某些课程或特定教科书的过程。⑤ ③所谓课程评价，就是以一定的方法、途径对课程的计划、活动以及结果等有关问题的价值或特点做出判断的过程。⑥

上述观点，虽表述不尽相同，但它们相互之间并不排斥，每种观点都从不同的视角反映了课程评价的本质属性——都体现出主体的某种价值判断。无论从哪一个角度对课程评价做出界定，都要明确三个至关重要的问题：评价什么？如何评价？为什么评价？综上所述，课程评价是为保证教育与课程开发的合理性，根据一定的方法、途径对课程计划、课程内容、课程实施以及结果等有关问题的价值或特点做出判断的过程。小学课程评价是课程评价的重要组成部分，是指在遵循小学生身心发展规律的基础上，通过合理的方法、途径，结合所涉及的相关因素，对小学课程设计、小学课程内容、小学课程实施过程及结果等方面进行价值判断的过程。

① 瞿葆奎. 教育学文集·教育评价 [M]. 北京：人民教育出版社，1989：159.
② 陈玉琨. 中国高等教育评价论 [M]. 广州：广东高等教育出版社，1993：17.
③ 金一鸣. 教育原理 [M]. 北京：高等教育出版社，2002：415.
④ 钟启泉，汪霞，王文静. 课程与教学论 [M]. 上海：华东师范大学出版社，2008：251.
⑤ 廖哲勋，田慧生. 课程新论 [M]. 北京：教育科学出版社，2003：402.
⑥ 李雁冰. 课程评价论 [M]. 上海：上海教育出版社，2002：2.

（二）小学课程评价的功能

1. 诊断与改进功能

诊断与改进是小学课程评价最基本的功能，也是进行评价的主要目标。它是指在搜集、整理和分析信息资料的基础上，对评价对象的情况特别是对教育活动中存在的问题进行分析与诊断，找到症结和原因所在，提出改进和补救的建议。小学课程中的诊断与改进类似于医院中的治疗活动，通过评价及时找出评价对象在课程实践中存在的问题，并通过对问题产生的原因进行分析，找出症结所在，然后及时将结果反馈给被评价者，并与其一起制定改进方案。例如通过学业评价，我们可以发现学生学习中存在的困难与不足，进而分析导致困难与不足的原因，同时也可以帮助教师明了自身课程上的不足和学生学习上的问题，并为师生进一步采取措施提供信息。

2. 导向与调节功能

课程评价是评价者依据一定的评价指标进行价值判断的活动，其导向功能是指课程评价的结果会对评价对象有很强的"明示"效果，会直接影响评价对象的行为取向与方式，对实际的课程活动有定向引导的功能。即评价指标所肯定的，就成了有价值的，为评价对象所追求；评价指标所否定的，就成了无价值的，为评价对象所忽略或舍弃。不同的评价指标会产生不同的评价结果，进而影响评价对象今后的行动。

3. 鉴定与管理功能

课程评价的鉴定功能是指通过对所搜集的信息资料进行整理和分析，对评价对象与评价指标的适应程度做出区分和认定，为评价对象以后的发展或晋级提供依据。例如教育测量和评价，既能够对学生的学习成绩做出鉴定，为选拔社会所需要的各种人才以及为学生进一步的发展提供条件；同时也能够对教师的教育水平做出鉴定，为教师专业晋级提供准备和为人事决策提供依据等。

课程评价的管理功能是指把评价结果与相应的管理机制挂钩，通过课程评价对课程的管理者、实施者或实施对象进行监督、激励、奖惩等，从而实现对评价对象的管理与控制。

 ## 小学课程评价的对象及类型

（一）小学课程评价的对象

课程评价对象是指课程评价的客体，它的范围很广，涉及教育的各个方面，呈现复杂化和多元化。课程评价的重点对象是学生，与培养学生相关联的各种对象都是现代课程评价的对象。它既包括参与教育活动的教育者、受教育者、教育管理和教育辅助人员，也包括教育的各种活动场所和设施设备、各种教育工具和辅助工具，还包括教育方针、教育政策、教育目标、教育规划、教育管理运行机制、教育内容、教育措施等。归纳起来，小学课程评价的对象主要包含以下方面：对课程本身的评价，即对小学课程计划、小学课程标准、小学课程资源等的评价；对学生学业成绩的评价，即对课程实施效果的评价，可以是对目标达成程度的考察，也可以是对课程效果做出的价值判断；对教师的评价，即教师对课程的态度，对课程的理解、创新，授课质量等方面的评价；对课程评价的评价，即所谓的"元评价"，对评价的标准、方法，评价主体、评价的信度与效度等做出价值判断。下面从课程编制的完整流程这一分析角度，对小学课程设计、小学课程内容、小学课程实施过程及小学课程效果做简单介绍。

1. 小学课程设计

小学课程设计包括总体设计和具体设计，前者是对一定学校整个课程的类型、标准、宏观与中观结构及主要模式做出的总体决策；后者是对一定学校各类基本教材的内容、结构、体系、深度、难度做出的具体决策和具体编制。[1] 对小学课程设计的评价重点是考察它的设计理念是否与课程标准相契合，是否具备较好的可行性和有效性。

2. 小学课程内容

课程内容是指各门学科中特定的事实、观点、原理和问题以及处理它们的方式，是一定的知识、技能、技巧、思想、观点、信念、言语、行为、习惯的总和。[2] 对小学课程内容的评价主要侧重于考察内容的正确性、表述的合理性及其编排的科学性；对课程内容的选择是否注重基础性、时代性以及是否尊重小学生的生活经验，能否为学生所理解和接受；课程内容是否渗透价值观和道德教育等。

3. 小学课程实施过程

小学课程实施过程是指把小学课程计划付诸实践的过程，是达到预期课程目标的基本途径。主要涉及教材、教师、学生、教学组织、课时分配、学年和学周安排等相关内容。课程实施过程的评价主要侧重于考察在这一过程中是否能够充分调动各方面的积极性并使课程知识充分发挥应有的教育意义。

4. 小学课程效果

小学课程效果主要是指课程的实施对促进小学生的学习、教师专业知识的成长以及学校的发展方面所达到的效果。小学生的学习评价主要是指学生的学业成就。对学生学业成就的评价应系统、科学、全面地搜集和整理学生在各种教学活动的影响下，各方面素质发展变化的信息和证据，并对学生的综合发展状况进行价值判断。对学生学业成就评价的方法不能单一，要综合运用作业评价、考试、档案袋评价以及心理测量等方法。学生评价不仅仅是关注学生的最终成就，更应注重通过评价促进学生的发展和成长。教师专业知识的成长评价主要是指对教师教

---

① 廖哲勋，田慧生. 课程新论 [M]. 北京：教育科学出版社，2003：262.
② 王本陆. 课程与教学论（第3版）[M]. 北京：高等教育出版社，2017：81.

学工作的评价。教师教学工作的评价涉及很多，主要考虑教学目标是否明确、教学内容与方法是否恰当、教学组织过程是否严密、师生互动是否融洽和谐、教学效果是否实现等。

（二）小学课程评价的类型

根据不同的分类标准，小学课程评价有不同的类型。

1. 诊断性评价、形成性评价和总结性评价

根据评价的功能来划分，小学课程评价可分为诊断性评价、形成性评价和总结性评价。

诊断性评价又称准备性评价，是在课程活动开始之前对学习准备、需要、条件或特殊困难等情况进行的评价，是课程活动的准备。它具有医疗上的意义，主要是对课程背景、存在的问题及其原因做出诊断，以便"对症下药"，据此进行课程设计。

形成性评价又称过程性评价，是指在课程活动开展的过程中对课程本身进行的评价，通过评价对课程实施过程及时进行调整，以保证课程目标的实现。它有助于随时发现课程实施中所出现的偏差并及时改进，有助于缩小活动过程与活动目标之间的差距。

总结性评价又称终结性评价或事后评价，是课程活动结束之后，以预先设定的课程目标为标准，对最终获得的成果进行评价，判断所获得的成果相对课程目标实现的程度，它关注的是课程实施的效果。

2. 绝对评价、相对评价、个体内差异评价

根据评价标准来划分，小学课程评价可分为绝对评价、相对评价、个体内差异评价。

绝对评价是在评价对象的整体之外，确定一个客观或理想的标准，将评价对象与这个客观标准进行比较，以判断其达到客观标准程度的评价类型。在这个过程中，只需将评价对象与客观标准进行比较，无需将评价对象与群体中的其他对象进行比较。绝对评价适用于以鉴定资格和水平为宗旨的课程评价。值得注意的是，在实施绝对评价时，要确保评价标准的客观性、准确性和科学性。

相对评价是根据评价对象的整体状态确定评价标准，在评价对象群体之中，选择某一个或若干个对象为基准，通过把各个评价对象与基准进行对照比较，判定出每个评价对象在这一集体中所处位置的评价类型。相对评价通过横向比较，重视区分个体在群体中的相对位置和名次，适合于以选拔为宗旨的课程评价活动，可鼓励竞争和相互促进。

个体内差异评价是指把评价对象的现在和过去进行比较，或者把评价对象的若干侧面相比较的评价类型。它是对个体纵向比较后所做出的一种判断，主要用于判断个体发展状况。

3. 内部人员评价和外部人员评价

根据评价者身份的不同，小学课程评价可分为内部人员评价和外部人员评价。

内部人员评价是指由课程设计者或使用者自己实施的评价。内部人员评价的优点是评价者了解课程设计方案的精神实质，可以提示问题的本质，及时反馈和调适，评价结果主要用于改

进和完善课程开发和设计。其缺点是，评价者有可能局限于自己的设计思想，缺乏外界参照体系，评价结果缺乏应有的客观性。

外部人员评价是指由课程设计者或使用者以外的其他主体来实施的评价。它与内部人员评价正好正反，评价者不甚了解课程设计方案的精神实质，但评价面广，评价思路开阔，评价结果往往更容易做到公正客观。

4. 量化评价和质性评价

根据评价的方法，小学课程评价可分为量化评价和质性评价。

量化评价是通过具体的数学统计、运算和量化分析，揭示出与课程相关的数量关系，掌握课程的数量特征和变化，从量的关系上对课程进行判断。它是实证主义方法论的直接产物。量化评价的优点是逻辑性强，标准化和精确化程度较高，能对课程现象的因果关系做出精确分析，结论也更为客观和科学。缺点是所建立的量化课程指标体系只能考虑有限的几个变量，容易忽略课程规划中那些不可测量的重要方面。

质性评价是作为量化评价的反思、批判而出现的。它是通过对课程相关的行为进行广泛细致的分析，深入理解其原因和意义，进而从参与者的角度来描述课程的价值和特点的评价类型。质性评价的优点是尊重现实，对问题的认识较为真实而全面。缺点是质性评价对评价者要求很高，经历的时间较长，而且容易受到评价者和评价对象主观因素的干扰，从而影响评价的信度和效度。

三 小学课程评价的基本模式

课程评价模式是评价人员或研究人员依据某种教育理念、课程思想或特定的评价目的，选取一种或几种评价途径所建立起的相对完整的评价体系。它介于评价理论和具体的评价方法之间，既涉及标准又涉及方法，既包含着评价者对评价的取向，也规定了评价的具体操作方式。

（一）目标评价模式

目标评价模式由"评价之父"泰勒提出，又称为"泰勒模式"。它是在泰勒的"评价原理"和"课程原理"的基础上形成的。泰勒的"评价原理"可以概括为七个步骤：①确定教育计划的目标；②根据行为和内容来界定每一个目标；③确定使用目标的情境；④设计呈现情境的方式；⑤设计获取记录的方式；⑥确定评价时使用的计分单位；⑦设计获取代表性样本的手段。泰勒的"课程原理"可以概括为四个步骤：①确定课程目标；②根据目标选择课程内容；③根据目标组织课程内容；④根据目标评价课程。①

① 施良方. 课程理论——课程的基础、原理与问题［M］. 北京：教育科学出版社，1996：155.

目标评价模式是一种强调评价判断功能的评价模式。它以目标为中心展开，在所有的步骤中，确定目标是开展评价活动的基础，预定的目标决定课程方案与过程。在这一模式中，评价的实质就是判断实际课程的结果与课程的目标相吻合的程度。

目标评价模式是第一个完整的课程评价模式，这一模式强调目标的描述应当是具体的、行为化的，使实践者有了比较明确的行动参照系，也为日后的评价提供了可操作化的标准和依据。但这一评价模式也存在一些不足：一是过分强调目标中心，整个评价活动完全依赖于目标，而目标本身的合理性无法保证，故有时难免使整个评价活动发生导向性错误。二是目标评价模式特别关注对结果的评价，结果是否实现目标成为评价的主要活动，这样容易忽视目标以外的其他因素对结果产生的影响。

（二）目标游离评价模式

目标游离评价模式于1967年由美国学者斯克里文提出，它是在批判目标评价模式弊端的基础上提出来的。斯克里文认为，课程评价过程中会出现预期效果和非预期效果两种实际效果，因此，他主张，评价者不能只从预期效果出发，还应关心游离于目的以外的非预期效果；评价者应收集的是有关教育活动效果的全部的、真实的信息，不管这些结果是预期的还是非预期的，也不管这些结果是积极的还是消极的。

在目标游离评价模式中，斯克里文提出建立"重要评价检查表"，它包括描述、委托人、背景及脉络、资源、功能、传递系统、消费者、需要和价值、标准、过程、成果、通则性、成本、比较、重要性、建议、报告、后设评价等18个因素，并建议评价者在若干个周期内使用这个检查表。

目标游离评价模式不仅忽视目标，而且努力避免在评价中知道这些目标，为人们加深对课程评价的认识起到了启示作用。但是，目的完全游离于既定目标之外的评价是不存在的。严格意义上讲，目标游离评价模式不是一种完善的评价模式，它缺少一套完整的评价程序和方法，其主要价值在于对目标评价模式进行补充和发展。因此，有人仅把它当作一种评价的原则来看待。

（三）CIPP 评价模式

CIPP 评价模式是由美国著名评价专家斯特夫尔比姆（D. L. Stufflebeam）于20世纪60年代中期提出的，又称决策模式。斯特夫尔比姆认为，确立评价模式必须考虑目标评价问题；评价不能只关注结果，而应评价整个过程；评价不能只局限于目标体现的程度，而应当注重为决策者提供信息服务，"评价最重要的意图不是为了证明，而是为了改进"。[①] 因此，在斯特夫尔比姆看来，评价的过程实际上是一个为决策提供信息的过程，最有用的评价应当能提供反馈信息。

CIPP 是一种整合性的课程评价模式。它由四种评价的第一个英文字母构成，即背景评价

① 瞿葆奎. 教育学文集教育评价［M］. 北京：人民教育出版社，1989：298.

（context evaluation）、输入评价（input evaluation）、过程评价（process evaluation）和成果评价（product evaluation）。

1. 背景评价

指对目标本身的有效性进行评价，即确定机构的背景，明确评价对象，评定其需要，明确满足需要的机会，诊断需要的基本问题，判断提出的目标是否充分地应答了已评定的需要。

2. 输入评价

在目标确定之后，对达到目标所需的条件进行评价，即确定系统的性能，备选方案的策略，实施这一策略的设计、预算和进度。

3. 过程评价

指对计划的实施过程进行评价，即在过程中确定或预测程序设计、实施中的不足之处，为计划好的决策提供信息，记录和判断发生的事件与活动。

4. 成果评价

指测量、解释和判断所取得的成果，确认目标的实现程度，并将预期的结果和实际的结果之间的差异向决策者汇报。即收集对结果的描述与判断，使之与目标、背景、输入和过程信息联系起来，并对其价值与优点做出解释。

CIPP 评价模式考虑到了影响课程方案的种种因素，是一个相对比较全面、完整的评价模式。但它过分强调决策在评价中的作用以及评价就是为决策提供信息服务，从而有削弱评价的"价值判断"的本意，同时 CIPP 评价模式操作过程比较复杂，难以掌握。

（四）应答评价模式

应答评价模式是由斯塔克于 20 世纪 70 年代首先提出，再由美国学者古巴、林肯等人发展而形成的。应答评价模式是指评价者应充分了解评价结果，听取人的需求，并结合实际情况，对评价方案或决策做出修改，以"应答"绝大多数人的需求的一种评价模式。

应答评价模式对评价者的要求很高。应答评价模式的评价步骤主要分为以下四步：①评价者与一切跟评价对象有关的人接触，获取他们对评价对象的看法，根据获取的信息，确定评价范围。②制定观察与商谈的计划。③根据不同的要求，选择不同的收集信息的方法，并对收集来的资料进行加工处理。④将所获取的信息按需要回答的问题分类，把分类评价结果写成正式报告并分发给各有关人员。

应答评价模式具有以下特点：强调教育问题而非预定的目标或假设；对与课程有关人员的参与和投入状况作直接或间接的观察；考虑各方面人士的价值标准；不断关注渴望听取课程评价结果的人士的信息需求。[1]

---

① 李定仁，徐继存. 课程论研究二十年 [M]. 北京：人民教育出版社，2004：173.

本章知识结构导图

小学课程实施与评价
- 小学课程实施
  - 小学课程实施的内涵与取向
  - 小学课程实施的基本模式
  - 小学课程实施的影响因素
- 小学课程评价
  - 小学课程评价的内涵及功能
  - 小学课程评价的对象及类型
  - 小学课程评价的基本模式

历年真题

1.【2015年上】以评价对象自身的状况作为参照标准，对其在不同时期的进步程度进行评定，这种属于（　　）。

A. 绝对评价

B. 相对评价

C. 总结性评价

D. 个体内差异评价

参考答案

2.【2016年上】虽然小明的期末测验成绩不高，但与期中相比有所提高，老师仍颁给他"学习进步奖"。这种评价属于（　　）。

A. 相对性评价

B. 绝对性评价

C. 个体内差异评价

D. 终结性评价

3.【2018年上】针对班级学生基础较差、学习兴趣不高的情况，周老师上课时对教学内容进行了删减，增加了一些趣味性知识。这一课程实施符合（　　）。

A. 忠实取向

B. 创生取向

C. 技术取向

D. 相互调适取向

知识点检测

1. 请简述课程实施的取向及基本模式。

2. 影响课程实施的因素有哪些？

3. 小学课程评价的内涵是什么？

4. 小学课程评价的功能和类型有哪些？

5. 简述目标评价模式和CIPP评价模式。

参考答案

第 五 章

小学教学目标

 学习目标

- ✦ 理解教学目标的内涵及功能；
- ✦ 了解国内外教学目标的分类；
- ✦ 掌握小学教学目标的设计与表述。

 **案例导入**

教学目标小实验①

有一天，王老师领着五（2）班的同学去郊区农村参观。出发前，他把全班同学分成两个小组，分别布置了任务。他先对第一个小组说："你们注意观察谷物的生长情况。"然后告诉第二个小组："你们注意观察蔬菜和水果的生长情况。"参观结束后，王老师让同学们分别把观察所得写下来，结果两个小组的同学都写得比较详细、具体和生动。接着，王老师又让第一组同学描写蔬菜和水果的生长情况，让第二组同学描写谷物的生长情况，结果只有极个别的学生能够清楚地写出自己的印象，大多数学生的描述是含混、模糊的。

这是一个具体的教学目标实验。实验表明，目标的指向作用对学生的观察有着极为重要的影响。教学活动的效果与教学目标的指向作用有着十分密切的关系。高明的教师总是在教学开始时就向学生提出明确的目标，但有些教师却做不到这点。教师在课堂上的一切活动都应有明确的目标，并要清楚怎样才能实现这些目标。否则，其教学活动就会不着边际，缺乏条理，尽管辛苦忙乱，也会事倍功半甚至劳而无功。本章我们就一起来探讨教学目标问题。

---

① 李秉德. 教学论［M］. 北京：人民教育出版社，2001：66.

教学目标概述

教学是一门艺术，教学的艺术性体现在能够让有限的教学资源在有限的时间内最大限度地发挥出教育功能。要使教育教学达到好的效果，懂得艺术处理教学内容，设计出完美的教学方案是非常重要的。教学目标就是这个方案设计中最为重要的一个环节，对教学实施起着指向性的作用。教学目标作为一个教育学术语最早出现于 20 世纪 30 年代，20 世纪 60 年代后，随着程序教学的发展而受到广泛重视。新一轮课程改革后，对教学目标的制定也提出了新的要求。

一　教学目标的概念界定

（一）教学目标的含义与特征

教学目标是指教学活动所预期达到的质量规格和标准，它与学校课程目标一样，都是学校培养目标的重要组成部分。它是为实现课程目标、达成教育目的而设置的主要目标。简言之，教学目标是进一步细化、具体化的教育目的。从课程设计者、开发者、研制者或管理者的角度来说，教学目标是"学生学习所要达到的结果"；从教师的角度说，教学目标是课程目标细化后在教学设计中的意图及体现，是"教的目标"；从学生的角度，教学目标是学生通过努力可以达到的标准或习得的结果，是"学的目标和习的结果"。

通过对教学目标含义的理解，我们可以从中总结出它的特征，包括外显性、具体的可操作性和可测量性以及明确的可评价性，而教学情感目标由于主体参与和价值预设凸显其体验性和内隐性的属性。

 案　例

教学目标的性质
——以人教版小学语文一年级上册《雪地里的小画家》为例①

教学目标：

1. 会读11个生字词，会写"几""用"和"马"三个字，认识两个偏旁"虫"和"目"；

2. 能借助汉语拼音正确流利地朗读课文，背诵课文；

——————————————
① https：//www.docin.com/p-91449108.html

3. 了解课文内容，知道并描述小鸡、小鸭、小狗、小马这四种动物的爪（蹄）子的不同形状以及青蛙冬眠的特点；

4. 通过感受冬天冰雪世界的晶莹别透，体验大自然的美好。

这些教学目标体现了以下特点：

1. 外显性。通过"会读、会写、会认、会背、会说"等具体行为将教学目标外显化。这些外显的行为在实际课堂教学情境中可以借助检查或抽查结果作为评价的依据。

2. 可操作性和可测量性。小学低段语文的教学重点要落实在"口语教学"上，它不仅是培养儿童语感的手段，也是发展儿童情感能力的基础和环节。通过教师示范、分组朗读、黑板抽查书写等教学手段，了解教学目标的完成情况。

3. 可评价性。对该节教学目标中五个外显行为的测量，可以参照不同性别的儿童在朗读节奏、书写笔画顺序、偏旁造字、口语表达清晰度等方面的公认准则评价儿童该节课的学习结果。

4. 体验性和内隐性。通过朗读课文，体验韵文富有童趣而纯正的儿童语言特点，将热爱自然、亲近自然的情感潜移默化地积淀在幼小的心灵里；对自然冰雪世界的切身感受，进一步拉近了人与自然的关系，不仅拓展了儿童的活动范围，而且丰富了儿童与世界之间的联系。

（二）课程目标、教学目标和学习目标之间的关系

课程目标、教学目标和学习目标是关系十分密切的三个概念，它们之间既有区别，又有联系。第一，从课程目标到教学目标、学习目标是一个从概括到具体，从抽象到具象，从少数到多数不断转化、呈现、增加的过程，三者都是教育目的和培养目标的具体化、客观化，都是以教育目的为总目标，以培养目标为具体指导，把学习目标作为最后的学习结果，在各自范围内提出适应社会、适应学科、适应学生发展的教育教学要求，它们都具有"内容"和"行为"两个方面的表征，为课程、教学和学习的开展提供了方向、标准和评价依据。第二，课程目标为教学目标和学习目标的制定确立总的方向，对教学目标和学习目标的制定起着调控作用；教学目标和学习目标体现课程目标的具体要求，即课程目标通过教学目标而实现，通过学习目标而兑现。第三，三者的制定主体往往不同，一般来说，课程目标由国家和课程专家制定，主要通过文本形式体现制度层面的课程理想和课程要求；教学目标和学习目标则属于实践层面，教学目标主要由教学工作者特别是教师来完成，它不仅是课程目标的细化和具体化，而且是在对社会、学科和学生等方面充分了解和深入研究的基础上制定的，它不仅要考虑国家和社会的要求，更要考虑学生的个性特点及学生身心发展阶段的规律；学习目标主要由教师和学生通过协商完成，教师在充分了解学生学力水平的基础上提出专业建议，与学生一起追求课程目标和教学目标的客观化和现实化。第四，三者的数目因概括性的不同而有差异。通常而言，课程目标

的数目要少于教学目标的数目，教学目标的数目要少于学习目标的数目。

二　教学目标的功能

教学目标包含了丰富的内容，从 20 世纪 30 年代提出教学目标的概念以来，教育学界的许多学者就开始致力于其功能的研究。由于侧重点不同，对功能的描述也以不同的方式展现。如美国学者麦克唐纳（J. B. Macdonad）就认为，教学目标具有五项功能：第一，明示教育进展的方向；第二，用于选择理想的学习经验；第三，有利于界定教育计划的范围；第四，提示教育计划的要点；第五，可作为评价的重要基础。

还有学者将教学目标的功能概括为指导学生的学，指导教师的教学，指导学习结果的测量和评价，可简化为导学、导教和导评。

对以上两种情况加以分析，我们把教学目标的功能概括为以下五种。

（一）导向功能

教学目标在教学过程中起着指示方向、引导执行、预定结果的作用。教学目标预先规定了教学活动的大致进程，制约着教学设计的方向，规定了教学活动展开的过程也就是教学目标——落实的过程。教学目标决定了教学活动要取得怎样的结果、取得结果的先后顺序以及它们之间具有怎样的逻辑关系等。另外，学生明确了教学目标后，也会有的放矢，依照教学目标来制订学习计划，积极主动参与到学习活动中来，提高学习的效率。因此，教学目标对教学活动的开展起着导向作用，确立正确合理的教学目标是教学设计的首要环节。

（二）评价功能

教学目标是检查、评价教学成效的尺度和标准。这种评价存在于教学活动的两个时段。其一，教学活动是师生之间互相作用的过程。虽然具有计划性，但仍不能排除在教学活动过程中会出现计划与实际相冲的现象，在这种情况下，教学目标可以作为实施监控的手段，对教学活动的进度和方法进行改进，促使教学活动更顺利地开展。其二，教学活动结束以后必须对教学效果进行评价，教学目标便是评价体系的重要依据之一，它能衡量教学是否达到了预期的目标。如果教学目标缺乏科学的、客观的衡量功能，那么无论是测验的效度、信度还是试题的难度、区分度都将失去保障，对学生的学习结果和学习水平的衡量和评价也容易失误。因此，教学目标是对教学结果进行科学测试、确定客观评价的基础。

（三）控制功能

教学活动是师生在特定环境下的双边互动过程，教师要时刻关注环境的变化和学生的差异，有效地调控教学，不能一味地照本宣科。教学目标是教师进行课堂控制的依据。教学目标一经确定，就对教学活动起着控制作用，从教学的起始至结束，每一个教学环节，如导入、讲授、讨论、测验和评价等，都受它的调控和引导。也正是有了明确、适当的教学目标，教学过程才得以把教师、学生和其他各方面的力量凝聚到一起，协调一致，取得较理想的教学效果。

（四）激励功能

在心理学理论中，目标与激励是密切相连的，一个短期目标的实现，会激发行为者强烈的动力和兴趣，并指向下一个目标。因此，教学目标要细致、具体，并符合实际。从心理学的角度而言，要充分发挥教学目标的激励功能，必须注意几个问题：其一，教学目标应为学生所认同。在目标制定过程中应充分考虑学生的内在需求，只有让学生认同了学习内容并满足他们的内在需求，他们才会为实现目标而努力。其二，教学目标的难度应该定在学生的"最近发展区"，过难或过易都难以激发学生的学习动机。其三，教学目标的制定要考虑到学生的学习兴趣。兴趣是最好的老师，它能够促使学生自主积极地参与到学习活动中来。

巧用"最近发展区"①

在上区公开课《污水和污水处理》时，一位老师是这样引入的：

师：同学们，这个月是3月份，经历了许多重要的日子，你知道吗？

生1：3·8妇女节。

生2：3·12植树节。

生3：3·15消费者权益保护日。

生4：3·22世界水日。

……

师：很好，老师手中有一杯干净的水，像这样的水，你平时能用来做什么？

生：洗衣服、洗手。

师：老师这里有一支蘸了墨的毛笔，看我在做什么？

生：洗毛笔。

师：此时这杯清水变成了……

生：污水。（齐声回答）

（教师板书：水　污水）

师：是什么污染了这杯水？

生：墨汁。

……

———————————

① "最近发展区"理论微课视频. http://2d.hep.com.cn/16100739/102.

案例中，该老师以3月份重要的几个日子为主题引出水，然后通过一个简单的洗毛笔动作，来创设生活中的常见情境，让学生清楚看到水被墨汁污染的整个动态过程，铺设好污染源的概念。这样，学生能够更好地从"已经达到的发展水平"向"可能达到的发展水平"迁移发展，更好地促进教学目标的达成。

三 教学目标分类

教学目标分类就是把各种具体教学目标按照从简单到复杂、从低级到高级连续递增的分类体系形式进行有序的排列与组合，使之系统化。关于教学目标分类理论，在世界范围内不乏论者，但是透过众说纷纭的教学目标分类理论，我们不能不思考些根本的前提性问题，那就是：为何教学目标要分类？不分类可不可以？到底教学目标分类有什么价值？对于这些问题，我们可以从两个层面来思考。首先，教学目标分类是一种理论研究上的需要，同时教

西方其他的教学目标分类

学目标分类的研究也丰富了教学理论本身的建设与发展；另外，教学目标分类能够为实践提供更具体、可操作的指导，使教学理论真真切切发挥对教学实践的指导作用。总之，教学目标分类有利于从总体上去把握局部，有利于全面实现教育目的，有利于在教学活动中使用统一的术语，同时也有利于实现教学质量管理的科学化。目前，对教学目标的分类，国内外较有影响的有以下几种理论。

（一）以布卢姆为代表的教学目标分类理论

美国心理学家布卢姆是第一个将分类学理论运用于教育学领域的人，他在20世纪50年代提出的教学目标分类理论中，将教学活动所要实现的整体目标分为认知、动作技能、情感三大领域，并从实现各个领域的最终目标出发确定了一系列的目标序列。其中，认知领域的目标分类被认为贡献最大。布卢姆的思想可以概括为：复杂行为可分解为比较简单的行为，教学目标可以用可见的行为来表示，这样可以使教学效果清楚、可鉴别、可测量，从而便于把握教学目标的达成。

1. 认知领域的目标分类

布卢姆将认知领域分为知识、理解、应用、分析、综合、评价六类目标。

（1）知识。主要指记忆知识，对学过的知识和有关材料能识别和再现，这一目标要求学生能做到：确认、定义、配对、指出名称、选择、默写、背诵、描述、标明、列举、说明等。这类目标也有人称为"识记"。

（2）理解。主要指对知识的掌握，能抓住事物的实质，把握材料的意义和中心思想。可以借助三种形式来表明对知识材料的理解：一是转换，即用自己的话语或用与原先不同的表达

方式来表达所学的内容。二是解释，即对一项信息（如图表、数据等）加以说明或概述。三是推断，即预测发展的趋势。这一目标要求学生能做到：了解事实与原理，解释文字资料，解释图表，转译文字资料为另一种资料形式，验证方法与过程，对所学的内容进行概述，举例说明所学过的问题等。这类目标也有人称为"领会"。

（3）应用。指把所学的知识应用于新情境。这一目标要求学生能做到：表现、列举、计算、设计、示范、运用、操作、解答实际问题等。如运用所学的知识去解答实际问题；制作图表；设计模型；正确使用表现手法与过程等。

（4）分析。指将知识进行分解，找出组成的要素，并分析其相互关系及组成原理。这一目标要求学生达到：能对事物进行具体分析、图示、叙述理由、举例说明、区别、指明、分开、再分，认出在推理上的逻辑错误；区别真正事实与推理，判断事实材料的相关性。例如，划分文章段落，写出段意及找出中心思想；指出一个实验中哪些是自变量，哪些是因变量等。

（5）综合。与分析相反，指把各个元素或部分组成新的整体。理解、应用和分析虽然也有将部分组合与重建的意思，但没有综合这样完整，综合更具独创性。这一目标要求学生能做到：联合、组成、创造、计划、归纳、重建、重新安排、总结等。如写出一份结构完整的论文提纲，提出一份系统的实验计划或方案等。

（6）评价。指根据一定的标准对事物给予的价值判断。这一目标要求学生能做到：比较分析、评价效果、分辨好坏、指出价值。如判断文艺作品成败之处、事件的真伪、一个调查的科学价值、某一实验结果的价值及解决问题的过程与方法的成败等。布卢姆的上述六类目标是有层次、有顺序的，知识是最低层次，是最基本的要求，其余依次是理解、应用、分析、综合、评价。评价为认知领域的最高层次，是前面五种目标的综合并增加了的价值标准。这六类目标，由简单到复杂，由低级到高级依次排列。但这一目标分类标准是源于以测验和考试为目的评价范畴的，因此强调外显、客观、理性、逻辑的角度，而忽视隐含、主观、感性、诠释的角度。在对课程设计的指导方面，偏好于封闭的、有准确界定的细致的观点而舍弃了开放的、自由的整体的看法，有其局限性。

2. 情感领域的目标分类

克拉斯沃尔、布卢姆等人依据价值内化的程度对情感领域教育目标进行了分类。

（1）接受或注意。指学习者愿意注意特殊的现象或刺激，如参加课堂活动、班级活动，意识到某问题的重要性等。学习结果包括从意识到事物存在的简单注意和选择性注意。这是低级的价值内化水平。

（2）反应。指学习者不仅注意到某种现象，而且还主动参与，做出反应，如完成教师布置的作业、参加小组讨论、以愉快的心情阅读。反应包括默然的反应、愿意的反应、满意的反应。

（3）价值评价。指学习者将特殊的对象、现象或行为与一定的价值标准相联系。它包括接受、偏好某种价值标准，为某种价值标准做出奉献。如欣赏文学作品、在讨论问题中提出自己的观点、刻苦学习外语等。

（4）价值观的组织。指学习者在遇到出现许多价值观念的复杂情境时，克服价值观之间的矛盾、冲突，对各种价值观加以比较，接受重要的价值观和价值标准，形成个人的价值观体系。学习的结果可能涉及某一价值系统的组织。

（5）价值或价值观体系的性格化。指学习者通过对价值观体系的组织，逐渐形成个人的品性。即各种价值被置于一个内在和谐的构架之中，它们的层级（高低）关系已确定，个人言行受其所确定的价值观体系的支配。观念、信仰和态度等融为一体，最终表现是个人世界观和人生哲学的形成，如工作一贯勤勤恳恳、在团体中表现合作精神等。

3. 动作技能领域的目标分类

布卢姆本人并没有编写出动作技能领域的目标分类，这个领域已出现了好几种分类法，但目前尚无公认的最好的分类，这里只介绍辛普森（E. J. Simpson）的分类。辛普森将动作技能教育目标分成七类。

（1）知觉。指运用感官获得信息，了解与某动作技能有关的知识、性质、功用，以便指导动作。

（2）准备。指对稳定的活动的准备，包括心理定向、生理定向和情绪准备。知觉是准备的先决条件。

（3）有指导的反应。指学习者能在教师的指导下表现有关的动作行为，包括模仿和尝试错误。例如，能模仿教师的动作进行学习；在教师引导下进行试误练习，直到形成正确的动作等。

（4）机械动作。指经过一定程度的练习，学习者的反应已形成习惯，能以某种熟练和自信水平完成动作。例如，能正确、迅速地制作切片标本，能迅速准确地打字等。

（5）复杂的外显反应。包含复杂动作模式的熟练动作操作，操作的熟练性以准确、迅速、连贯协调和轻松稳定为指标。

（6）适应。此阶段练就的动作技能具有应变能力，学习者修正自己的动作模式以适应特殊的装置或满足具体情境的需要，这是高度发展水平。

（7）创作的能力。指学习者在学习某种动作技能的过程中形成了一种创造新的动作技能的能力，它强调以高度发展的技能为基础进行创造。

布卢姆的教育目标分类理论改变了传统的以知识为本位的教学观，兼顾了认知、情感和动作技能三个层面，使教学活动不再是单一的知识传授的过程，是教学理论发展的一大进步。它的局限性在于将完整的教学目标割裂成了细化的单元，过于注重每一方面要达到的目标而忽略了整体性和三个层面的内在联系，影响了对教学活动的整体把握。

（二）加涅的学习结果分类理论

美国教育心理学家加涅通过吸收信息加工心理学的思想和建构主义认知心理学的思想，形成了有理论支持也有技术操作支持的学习理论。这一理论解释了大部分的课堂学习，并提出了切实可行的教学操作步骤。其中，最有影响的是提出了五种学习的结果。这五种学习结果实际上就是把教学目标分为五类，即态度、动作技能、言语信息、智力技能、认知策略。

1. 态度

态度是通过学习形成的影响个体行为选择的内部状态。态度有三类：一类是许多态度。许多态度可被看作是期望达到的教育目标，如希望儿童文明懂礼、为人谦逊、为他人着想。二类是一般态度。一般态度包括对某类活动的积极偏爱，如听音乐、阅读、运动等。三类态度是有关公民身份的，如爱祖国爱家乡、愿意承担公民义务等。

2. 动作技能

动作技能实际上有两种成分，一种是如何描述动作进行的规则，另一种是因练习与反馈逐渐变得精确和连贯的实际肌肉运动，因此，动作技能是一种习得能力，如能写字、跑步、做体操等。

3. 言语信息

言语信息是指学习者通过学习以后，能记忆诸如事物的名称、符号、地点、时间、定义、对事物的具体描述等具体的事实，并能够在需要时将这些事实表述出来。言语信息对学生的能力要求主要是记忆。学习者的行为目的就是获取信息，信息在知识体系中是最基本的"建材"或"基本词汇"，是进一步学习的先决条件，是培养智力技能的基础。

4. 智力技能

智力技能是指学习者通过学习获得了使用符号与环境相互作用的能力，如使用语词和数学这两种最基本的符号进行阅读、写作和计算。言语信息回答"是什么"的知识，而智力技能则与知道"怎么办"有关。它对学生能力的要求主要是理解、运用概念和规则，进行逻辑推理。

5. 认知策略

认知策略的学习结果与解决问题学习的层次有关，是学习者借以调节自己的注意、学习、记忆和思维等内部过程的技能。学习者的认知策略指挥自己对环境中的刺激物予以一定的注意，对学习的事物进行选择和编码，对学习习得进行检索。作为认知策略学习的结果，学习者能根据过去所习得的规则，经过内在思考过程而创造新的或更高层次的规则，提出解决问题的方案。认知策略是学习者管理自己学习过程的方式，是学生学会如何学习的核心成分。

（三）梶田叡一的教育目标分类理论

梶田叡一是日本著名的教育家，他借鉴布卢姆的思想，提出了具有东方色彩的教育目标分类理论。他认为，学校教育至少要包含达成目标、提高目标和体验目标三种类型的教育目标。

达成目标，是指通过一系列指导，期待在学生身上发生明显的变化，要求学生掌握规定的、具体的知识和能力。提高目标，是要求学生向一定目标提高和发展或期待学生在某方面有所提高或深化，如逻辑思维能力、鉴赏力、社会性、价值观等综合性的高级目标。体验目标，是通过学生的某种行为变化，了解学生所产生的某种切身体验，以期待学生自身产生某种特定内容的体验为目的。这三类目标都包含认知、情感、动作技能领域的一系列目标，并具有具体达标的要求。

梶田叡一针对日本学校重视知识记忆和理解，而忽视培养学生兴趣爱好的现状，提出了"开、示、悟、入"的教育学观点。"开"，意为开阔视野，唤起兴趣，耕耘心田；"示"，意为传授知识，让学生掌握要点；"悟"，意为学生将已学到的知识进行应用和实践；"入"，意为学生用学到的知识进行自我探索、追求，从而形成自己的人生观。

（四）我国教学目标的分类

我国基础教育新课程标准规定的教学目标包括三类：结果性目标、体验性目标与表现性目标。

1. 结果性目标

结果性目标说明学生的学习结果是什么，所采用的行为动词要求具体明确、可观测、可量化。这种方式指向可以使用结果量化的课程目标，主要应用于知识与技能领域。如在小学综合实践活动课程中"运用所学知识制作一份调查问卷"、小学语文课中"认识常用汉字 2500～3000 个"等。课程标准把结果性目标又细化为知识和技能两个子领域。知识分为了解、理解和应用三个水平；技能分为模仿、独立操作和迁移三个水平。这种划分相对于国外的层次划分更简便，更易把握和操作。

2. 体验性目标

体验性目标就是描述学生自己的心理感受、情绪体验，所采用的行为动词往往是历时性的、过程性的。主要对应于过程与方法、情感态度与价值观领域。它分为三个层次的水平：即经历（感受）、反映（认同）和领悟（内化）。

3. 表现性目标

表现性目标就是给学生安排各种各样的表现机会，所采用的行为动词通常是与学生表现有关或者结果是开放性的。表现性目标主要应用于艺术类课程，它被划分为两个层次：复制和创作。

小学教学目标设计与表述

小学教学目标的设计必须遵循一定的原则和步骤，在设计教学目标时，应依据课程目标，结合学科内容学习的特点，根据教学目标编写的基本要求，选择恰当的教学目标编写方法。基于不同的价值取向，关于教学目标的表述主要有行为目标表述、内部心理与外显行为相结合的目标表述、表现性目标表述三种模式。合理地设计和编写教学目标是教学工作的重要组成部分，也是每个教师应该具备的基本教学能力。

一 小学教学目标设计的基本原则和步骤

在设计教学目标时，教师应明确使学生掌握哪些知识和技能，养成哪些行为习惯，以怎样的态度对待学习，学会哪些学习方法。简而言之，教学目标中应包含知识与技能的目标、过程与方法的目标以及情感态度与价值观的目标。

（一）小学教学目标设计的基本原则

根据小学生的个性需求、知识的基本逻辑体系以及社会的需要，在制定小学教学目标时需要遵循以下原则：

1. 整体性原则

整体性原则是指在设计教学目标时要有整体的、全局的观念，使教学目标与教育目的相符合。另外，整体性原则还指教学目标自身构成要浑然一体，既要有知识与技能方面的，又要有过程与方法、情感态度与价值观层面的，并且三者要保持和谐一致。

资料链接

《磁铁有磁性》教学目标设计

新课程教学目标的编写，提倡知识与技能、过程与方法和情感态度与价值观三维目标的有机融合，体现整体性。现以小学科学中《磁铁有磁性》一课为例[①]，编写的教学目标如下：

（1）知识与技能：知道磁铁能吸引铁制的物体；知道磁铁能吸引铁质物体的性质叫磁性；

---

① https：//wenku. baidu. com/view/6452f0277fd184254b35eefdc8d376eeaeaa173f. html

知道磁铁隔着一些物体也能吸铁，一块磁铁上的不同位置磁性强弱不同。

（2）过程与方法：用实验方法研究磁铁能吸引哪些材料的物体；根据材料设计实验，研究磁铁隔着玻璃杯、水、空气、纸片、布片、铝片等能不能吸铁；体会随着实验条件的变化，磁铁隔物吸铁的本领是如何变化的。

（3）情感态度与价值观：通过小组探究学习，培养合作精神；通过认真实验，获取证据，用证据来检验推测得出的结论，培养严谨的科学精神；通过实验器材的整理，培养日常生活有序的自理能力。

2. 发展性原则

发展性原则是指教学目标要促进教师和学生的终极发展。教学目标设计最主要的目的就是要促进学生的发展。因此，教学目标的设计既要基于学生的实际，同时又要超越学生的现有水平，使教学目标指向学生更高一层次的水平，这样，教学目标才具有引导作用。例如，五年级的学生对文字已经有了一定数量的掌握，并且能够运用文字进行阅读和写作，但是并不了解文字的起源和发展演变。基于此，教学目标可以升级为学生通过自己查找资料，归纳总结，使自己在知识和能力上得以提升，也使自己更加了解我们的国家和民族文化，从而产生民族自豪感。

3. 可操作原则

可操作原则是指教学目标要具有一定的可操作性，能够用外显的、可操作的方式来表达。教学目标对知识与技能的陈述不宜仅用缺乏质和量规定的了解、理解、掌握等词，而应多用可观察和测量的行为动词来描述学生所形成的具体行为，要符合学生的认知水平，陈述词要具体、细腻，这样才能保证教学目标具有一定的可操作性，从而发挥其强大的激励、指导与聚合功能。例如，过程与方法目标的描述"通过合作学习、汇报展示、课堂互动交流，感受汉字的演变过程"就显得具体而有操作性。目标不是高高在上、泛泛而谈的，而是有具体实施的方法，学生和老师能够通过目标的指引很快地进入学习状态。

4. 可行性原则

可行性原则是指教学目标的设计要考虑到其实现的各种可能性，要考虑制约教学目标实现的各种条件，这样才能保证教学目标的顺利实现。因此，教学目标的设计要适当，一是符合外在的各种客观条件。例如，在小学科学课的学习中，关于"常见的动物和常见的植物"这一学习内容，我们就可以根据所在地区的特点进行选择，而不宜让内陆地区的学生来研究海洋生物。二是符合学生现有的发展水平，考虑学生个体之间的差异，要保证普遍性的目标全体学生都能达到，发展性的目标优生也能"吃饱"。例如，通过分析"培养收集分析资料的能力、团结协作的能力和与人交往的能力"这一目标，我们可以看出，收集资料的能力和团结协作的能力是每一个学生都能够达到的，而分析资料的能力和与人交往的能力则对学生的要求相对高一点。

5. 阶段性原则

教学目标并非在各个阶段都是一成不变的，不同阶段的教学目标设计的侧重点应有所不同。教学目标的设计应该遵循阶段性原则，突出每个阶段的特点，并且使这些阶段具有一定的连贯性，从而保证教学目标的浑然一体。如小学第一学段着重培养学生养成良好的学习习惯，激发学生对学习的兴趣，为进一步学习打好基础；中高学段则更侧重于让学生有正确的学习态度，培养学生思维能力，发展学生思维的广阔性与创造性，培养学生发现问题、解决问题的能力等。例如，《义务教育语文课程标准（2022年版）》中"写作"对第一学段提出的要求是"对写话有兴趣，留心周围事物，写自己想说的话，写想象中的事物"，而对第三学段提出的要求是"懂得写作是为了自我表达和与人交流；养成留心观察周围事物的习惯，有意识地丰富自己的见闻，珍视个人的独特感受，积累习作素材；能写简单的记实作文和想象作文，内容具体，感情真实"。

（二）小学教学目标设计的步骤

教学目标的设计主要有四个步骤。

1. 对课程内容的研究

教学目标是针对一定课程内容设计的，因此，教学目标的设计首先应以培养目标和课程目标为基础。在对课程内容进行研究时，要充分考虑学科教学目标之间、年级教学目标之间、单元教学目标之间以及课时教学目标之间的相互联系。

2. 对学习者的研究

对学习者的研究是指研究学习者的需要和兴趣，找出教学想要学习者产生的行为变化，这种变化既包括外显的行动，也包括思维和感情。将学习者已有的状态与理想的标准或是常模进行比较，从而确认学习者目前的状况与公认的常模之间的差别，这种差别就是学习者的需要。研究学习者的学习兴趣是为了促进学生主动学习，参与到教学中来。

3. 确定教学目标的分类

根据教育宗旨、学校培养目标和课程目标设立的教学目标，包括认知、情感与动作技能目标三种。要全面地实施上述目标，关键是要科学地设立认知目标，因为认知目标是情感目标和动作技能目标的基础。主要把握两点：第一，设立的单元目标应有助于形成学生的科学知识结构；第二，突出教材重点，以帮助学生突破难点，抓住关键。

4. 列出教学目标

列出教学目标即将上述三个步骤综合起来，采用规范的语言来表达。

 案　例

小学数学中两位数加法运算（如 27+19＝?）的教学目标设计[①]

1. 对课程内容的研究

这一单元的学习是小学数学运算（整数运算、四则运算、分数运算、小数运算）的基础，学生必须能进行熟练运算；两位数加法是整数运算中多位数加法的一种；此单元的教学必须在一位数加法的基础上进行；此单元的基本内容有四种形式：（1）个位数相加和小于 10，十位数相加和小于 10（如 12+23＝?）；（2）个位数相加和小于 10，十位数相加和大于 10（如 65+51＝?）；（3）个位数相加和大于 10，十位数相加和小于 10（如 34+29＝?）；（4）个位数相加和大于 10，十位数相加和大于 10（如 74+49＝?）。在这四种形式中，（1）最简单，（4）最难。

2. 对学习者的研究

（1）认知方面，已经学过一位数的加法，懂得数位的概念，并能正确地指出数位；（2）情感意志方面，对数学课有良好的态度，但注意力集中的时间短；（3）个别差异方面，部分学生在学习一位数加法时已经形成较强的迁移能力，学习速度较快，部分学生在学习过程中会出现障碍，大部分学生能顺利完成学习任务。

3. 确定教学目标分类

该单元主要是认知领域的学习，情感领域的目标在于继续保持学生的学习兴趣，技能领域的目标是使学生能够熟练计算两位数的加法。

4. 教学目标的编写

（1）掌握两位数加法的运算步骤，能独立进行两位数加法的运算；（2）初步了解进位原理，给出三位数相加的例子（如 123+456＝?）时，学生能指出在同一数位上的数能相加的有几组（1 和 5 能否相加）；（3）能进行简单的只需要进一次位的三位数相加计算；（4）掌握进位原理，给出任何一个多位数都能指出正确的算法。（1）（2）是全体学生都要达到的目标，能力强、有兴趣的学生可达到（3）（4）。

二 小学教学目标的表述方法

近几十年来，许多课程专家、教育心理学专家致力于教学目标的探索，主要形成了行为目标表述、内部心理与外显行为相结合的目标表述、表现性目标表述等目标表述模式。

---

① 全国十二所重点师范大学联合编写. 教育学基础 [M]. 北京：教育科学出版社，2008：212.

（一）行为目标表述

行为目标表述也称行为目标 ABCD 表述，是指用可以观察的或可以测量的行为来描述课堂教学目标。它以行为主义心理学为理论基础。ABCD 指的是具体课程与教学目标中应包含的四个要素，ABCD 是四个要素的英语单词首字母，它们的含义分别是行为主体（audience）、行为动词（behavior）、行为条件（conditions）和行为程度（degree）。

1. 行为主体（audience）

A 即 audience，意指"学习者"。明确的学习者，是目标表述句中的主语。目标的陈述必须从学生的角度出发，行为的主体必须是学生。教学活动是否成功，不是要看教师教得怎样，而是要看学生学得怎样。因此，表述教学目标时必须从学生的角度出发，行为主体必须是学生。尽管有时作为行为主体的学生在表述中没有出现，但也必须是隐含着的。在这一点上，很多教师存在错误，如教师习惯于采用"使学生……""引导学生……""提高学生的……"等表述方式，这就暴露出根深蒂固的"以教师为中心"的错误思想。

2. 行为动词（behavior）

B 即 behavior，意指"行为"。要说明通过学习后，学习者能做什么。教学目标的具体性、明确性主要取决于行为动词的可观察性和可操作性。要尽量避免使用诸如知道、理解、掌握、欣赏等描述内部心理过程的词语。因为把握这些词语的意义，不同的人可以从不同角度、不同层面来理解，这就会给教学目标的具体导向及检测带来困难。表述行为的基本方法是使用一个动宾结构的词语——行为动词+宾语。行为动词说明学习的类型，宾语则说明学习的内容。要使得行为目标表述具体、明确，关键是描写行为的用词要和具体可观察、可操作的行为相对应。例如：能操作摄像机，能说出英语句子中各句子成分的名称。在这样的动宾结构中，宾语部分与学科内容有关，教师都能很好掌握。因为教学目标中的行为应具有可观察的特点，所以在描述行为时较为困难的是行为动词的选用。

3. 行为条件（conditions）

C 即 conditions，意指"条件"。条件是指学习者在什么情况下表现行为，也就是说在评定学习者的学习结果时，该在哪种情况下评定，是目标表述句中的状语。如要求学习者操作计算机，要说明是在教师或说明书指导下操作还是独立操作。行为产生的条件通常包括下列因素：

①环境因素，包括空间、光线、温度、气候、室内或室外、安静或噪声；②人的因素，包括独立进行、小组集体进行、在教师指导下进行等；③设备因素，包括工具、图纸、说明书、计算器等；④信息因素，包括资料、教科书、笔记、图表等；⑤时间因素，包括速度、时间限制等；⑥问题明确性因素，即提供什么刺激来引起行为的产生。在描述行为产生的条件时，要注意区分学习过程与学习结果产生的条件。如"通过一个月的训练，学生能……"，这里的"通过一个月的训练"指的是学习过程的时间条件，而非学习结果产生的条件。

4. 行为程度（degree）

D 即 degree，意为"程度"，即明确上述行为的标准。标准是指衡量学习结果的行为的最低要求。它对行为标准做具体要求，使教学目标具有可测性。标准的表述一般与"好到哪种程度""精确度怎样""完整性如何""在多少时间内"等问题有关。如：把下列 8 个数按从小到大的次序排列；检查计算机故障，排除故障正确率达 80%。

用行为目标 ABCD 的表述法，我们可以把培养学生"分析能力"的教学目标具体描述为"提供报纸上的一篇文章，学生能将文章中陈述事实与发表议论的句子标记出来，至少 85% 的句子标记正确"。这样，培养学生分析能力的笼统目标就变得具体明确，便于落实了。

一般而言，在叙写行为目标时，行为主体、行为动词、行为条件和行为程度是不可缺少的几个要素。但是，并不是所有目标的呈现方式都要包括这四个要素，只要不会引起误解，有时为了叙写简便，也省略行为主体或行为条件。下面给出三个实例，供教师在设计教学目标时参考：

（1）在指认和书写中，学生能准确无误地读出和写出 10 个生字。
　　　　　条件　　　　主体　　程度　　　　　　行为

（2）中等生至少能够举出 3 个具体实例说明分数的 3 个基本性质。
　　　主体　　　　　条件　　　　　　　行为　　　　程度

（3）在实验中，每个实验小组要通过正确的实验操作，填写实验报告。
　　　条件　　　　主体　　　　　程度　　　　　　行为

（二）内部心理与外显行为相结合的目标表述

1. 格伦兰模式

ABCD 模式表述的行为目标，优点是可避免用传统方法表述目标的含糊性。但它也有缺点：只强调了行为结果而忽视了内在心理过程，违背了学习的意义，有的学习结果也很难行为化。为了克服行为目标表述之不足，格伦兰（N. E. Gronlund）提出一般目标—具体行为的方法，即先用描述内部过程的术语陈述概述性教学目标，然后用可观察的行为做例子使整个目标具体化。这种方法强调，目标表述不能忽视情意领域目标和其他领域的高层次目标，采取一种内外结合的表述方法。

陈述概括性教学目标，如"领会心理学术语'表象'的含义"，这里的"领会"是一个内部过程，每个人掌握的标准不一，难以直接观察和测量，所以需要用可以证明"领会"水平的行为实例来进一步说明。如"用自己的话转述表象的定义""能列举两至三种表象实例""能区别表象与想象的异同"等。有这三种实例的补充，教学目标"领会"就不再是不可捉摸的了。

运用此类表述模式，我们可以将"用批判性思考的技能于阅读上"表述如下：

1. 用批判性思考的技能于阅读上。

1.1 区分事实和意见。

1.2 区分事实和推论。

1.3 指出因果关系。

1.4 指出推理的错误。

1.5 区分有关和无关的论点。

1.6 区分可靠和不可靠的推论。

1.7 根据书面材料建立有效的结论。

1.8 指出正确结论需要的假定。

这样的目标表述，第一个层次是心理内部过程；第二个层次是心理的外显行为。

再如：地理课讲到"人类与环境"课题时，要求学生树立可持续发展观点，这个目标可以这样表述：

1. 学生能树立可持续发展观点。

1.1 能说出可持续发展的大概意思。

1.2 能运用所学的知识批判现实中破坏环境的思想和行为。

1.3 从包含不符合可持续发展思想的例子的材料中，能指出这些例子并做出批判和评述。

在这一组表述中，前面一部分"学生能树立可持续发展观点"是对内部过程的表述，后面两句话是为了说明内部过程而表述的可观察、可测量的外显行为。两者相结合的表述方法既保留了行为目标表述的优点，又避免了行为目标只顾及具体行为变化而忽视内在心理过程变化的缺点。

格伦兰的内外结合观，不仅避免了用内在心理术语描述目标的抽象性和模糊性，同时也防止了行为目标可能产生的机械性与局限性，所以许多心理学家比较支持格伦兰的观点。

2. 加涅模式

加涅进一步提出了明确表述教学目标的方式。加涅认为："一些表示明确动作的动词，如'达标''计算''书写'等，虽然行为动词在描绘学习目标的任务方面显然是有用的，但它们往往并不为将要学会能力的推断提供必要的提示。例如，一个任务可能要求'书写'一个数学问题的答案（智力技能），而另一个任务则可能要求'书写'一个句子以表达一个事实（言语信息）。"这样，学习者表现出来的特殊行为常常与习得性能相混淆。为了避免这种混淆，加涅提出了书写目标的五成分法。五成分是：情景；性能动词；对象；行为动词；工具、限制和特殊条件。五成分法用两个动词来避免特殊行为与习得性能的混淆。一个动词用以界定性能，称为性能动词，也称标准动词，加涅等认为"要使用标准动词来暗示他们所包含能力的类型"。另一个动词用来界定可观察的行动，称为行动动词。

（1）情景。学生面临的刺激情景是什么。例如，当要求学生"在电脑上录入一封信"时，学生是以普通速度呈现信的内容吗？要录入的信是以听觉信息还是以书面的形式呈现出来的？

（2）性能动词。用于描述习得性能的类型。基于学习结果的分类，往往用一个标准动词来描述每一类习得性能。

（3）对象。指出学习者行为表现的内容。例如，演示（习得性能的动词）两个三位数和的计算（对象）。

（4）行动动词。描述了行为是如何被完成的。例如，"通过打字复制一封家信"描述一个可观察的行为——打字。

（5）工具、限制和特殊条件。在某些情境中，行为表现需要使用特殊工具，需要某种限制及其他条件。例如，打一封信使用何种电子打字机（工具），打一封信要求在规定时间内完成并少于三个错误（限制）。

这里试举五成分法表述一个教学目标的完整例子：当口头提问时（情景），要求学生不看参考资料（限制），用口头或书面语形式（行动），陈述（性能动词）鸦片战争爆发的主要原因（对象）。

加涅的表述方式有行为色彩，但他更进一步地提倡用性能动词（标准动词）来描绘教学目标的行为，揭示将要学会的人类性能的类型。所以，这可以看成是内外结合表述的一种形式。这种方法为教师用什么方法，或设计什么条件来实现教学目标提供了帮助。

（三）表现性目标表述

1. 表现性目标

表现性目标并不指出学生从事某些学习活动后所获得的行为改变，它所描写的是学生教育上的经历：他们的工作情境、所要处理的问题以及所要从事的工作。但是，表现性目标并不指出在此经历、情境、问题和工作之中，学生即将学到什么。因此，表现性目标提供了师生探索或专注于个人自觉有趣或重要的问题的机会。

2. 表现性目标的表述

高级认知目标尤其是情感态度价值观等目标很难在短时间内实现。这些目标的实现往往需要通过学生自主活动，在与师生平等交流的会话、探究和意义建构中发展。对于这类目标而言，教师很难预期一两节课后学生将会发生的变化，所以这类目标采用行为目标和结合目标表述方式都不可取。为此，艾斯纳（E. W. Eisner）提出了表现性目标。这种目标要求明确规定学生应参加的活动，但不精确规定每个学生应从这些活动中习得什么，表现性目标的表述不在学生从事教育活动后应该展示的行为结果，而在确立学生所经历的情境。

综观各种课堂教学目标表述模式可知，科学表述课堂教学目标应注意几点：第一，应表述学生的学习结果，不宜表述教师的教学行为；第二，教学目标应尽可能表述得具体，可以测量；第三，目标的表述应反映学习结果的类型和层次；第四，不同类型的课堂教学目标表述要求不尽相同，要灵活选择最恰当的表述模式。

三 小学教学目标设计容易出现的问题

教师在设定教学目标时，往往只是重视自己的教学设计，重视这节课达成的目标，依然是把自己放在绝对的位置，忽视学生的实际情况。教师在设计小学教学目标时容易出现以下几个问题：

（一）把目标当成教师教学时所要做的工作来表述

例如：

（1）提高学生快速阅读的能力。

（2）示范蝴蝶标本的制作过程和方法。

这些表述，指出了教师计划做的工作，而没有触及真正的课程目标——学生学习后的行为变化。这种目标表述只注重教师的教学计划的完成，而没有考虑到教师的教学行为对学生产生的结果。

（二）只列出了教材的大纲、主题、原理或概念

例如：

（1）分子、分母。

（2）角。

（3）生物的种类。

这样的目标只列出了教师必须教和学生必须学的内容，却未明确学生怎么学习和学习后达到什么样的行为变化。

（三）只指出了理想的学生行为，忽视行为所应用的生活领域或内容

例如：

（1）发展批判性思维的能力。

（2）发展优良的道德品质。

（3）养成广泛的兴趣。

（4）发展解决问题的能力。

目标的这种表述，固然指明了教育教学功能旨在引发学生某种行为的改变，但是未指明该种行为改变适用的生活领域或内容，仍然是不完善的。

（四）目标包含的是学习的过程而非学习结果

例如：

（1）朗读本课生字三遍。

（2）将本课生字每个写六遍。

（3）学生分组练习课文对话三遍。

上述目标仅仅指明了学生学习的过程，而没有指明学习过程结束后学生的行为变化。

本章知识结构导图

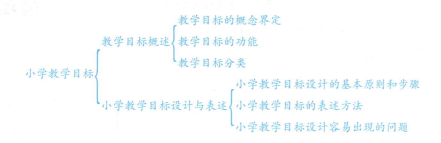

小学教学目标
- 教学目标概述
  - 教学目标的概念界定
  - 教学目标的功能
  - 教学目标分类
- 小学教学目标设计与表述
  - 小学教学目标设计的基本原则和步骤
  - 小学教学目标的表述方法
  - 小学教学目标设计容易出现的问题

历年真题

1.【2022上】在教授桂林山水一课时，教师制定的感受山水之美，体会作者对祖国的热爱之情的教学目标属于（　　）。

A. 结果性目标   B. 体验性目标

C. 表现性目标   D. 知识性目标

参考答案

2.【2019年下】小学生通过科学课的学习，了解了水具有固态、液态和气态三种状态，进而知道在一定条件下物质状态可以改变。按照三维目标的分类，这主要达成的教学目标是（　　）。

A. 知识与技能   B. 过程与方法

C. 认知与实践   D. 情感态度与价值观

3.【2019年上】在教学《圆的周长》时，张老师将"掌握圆的周长计算公式"拟定为教学目标之一。该目标属于（　　）。

A. 知识与技能目标   B. 过程与方法目标

C. 思想与方法目标   D. 情感态度与价值观目标

4.【2017年上】学习了《坐井观天》一课，学生学会写"信、抬、蛙、答"等生字，理解并熟记"无边无际、坐井观天"等词。按照三维目标的要求，这主要达成的教学目标是（　　）。

A. 知识与技能   B. 过程与方法

C. 认知与实践   D. 情感态度与价值观

📁 知识点检测

1. 请你以具体学科为例，思考如何在教学中巧用"最近发展区"，发挥教学目标的激励功能。

参考答案

2. 区分下列动词中的内隐体验动词、外显性行为动词。

说明；懂得；概述；证明；描述；认可；设计；了解；掌握；区分；观察；认识；体会；判断

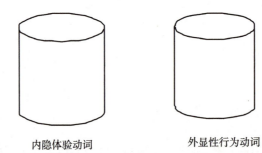

内隐体验动词   外显性行为动词

3. 以小学某一学科某一节课为例，讨论教师应该如何设计教学目标。

4. 请找出以下三年级下册《轴对称图形》教学目标中存在的问题，并进行修改。

一、情感态度与价值观

1. 感受生活中的对称美，潜在激励学生努力创造美；

2. 充分体会数学与生活的联系，形成"有用数学"的意识；

3. 让所有学生参与活动，培养合作探究意识，激发学习对数学的积极情感。

二、过程与方法

1. 通过实物的演示和观看，丰富学生的形象思维；

2. 使学生能根据自己对轴对称图形的初步认识，能用一些方法做出一些简单的轴对称图形，能在方格纸上画出简单的轴对称图形。

三、知识与技能

1. 联系生活中的具体物体，通过观察和动手操作，使学生初步体会生活中的对称现象；

2. 认识轴对称图形的一些基本特征，并能运用这些特征准确快速地判断一个物体是不是轴对称图形。

第 六 章

小学教学方法

 学习目标

- ✦ 理解教学方法的含义；
- ✦ 能正确理解和灵活运用各种教学方法；
- ✦ 掌握选择教学方法的依据。

 **案例导入**

三峡走出的"土专家"

——记重庆巴蜀小学教师丁小彦①

丁小彦从小便有当教师的梦想，18岁那年终于圆了自己的教师梦。一晃30多年过去了，她从一名普通的青年教师成长为全国优秀教师、重庆市特级教师……

刚参加工作，丁小彦严格践行陶行知先生的"每天四问"并把它放在书桌上。她每天问问自己：身体有没有进步？道德有没有进步？学问有没有进步？工作有没有进步？每天四问，让她变得自律、勤奋、友善、宽厚、充满爱心。她认为，教师人生最大的乐趣莫过于将一船充满童真的少年儿童从此岸渡向彼岸，并将儿童的心灵雕塑得红亮巧慧，迸发出创新的火花。

时代在变，丁小彦的教育教学方法也在不断变化，她用激励性的评价唤醒学生主体的自觉意识，给予学生自我成长的力量。为每个学生建立一面荣誉墙，在语文各项学习中只要参与，只要有进步，都会获得不同类型的荣誉徽章。

作为一名小学语文教师，语文教学的核心价值追求成为她所思考的问题："小学生学了六年的语文，他到底应该成为一个什么样的人？"经过探索、交流和总结，如今的丁老师已经基

---

① http：//www. moe. gov. cn/jyb ＿ xwfb/xw ＿ zt/moe ＿ 357/jyzt ＿ 2017nztzl/2017 ＿ zt07/17zt06 ＿ qgjsyrkm/201709/t20170905 ＿ 313429. html.

本确定了自己对于语文教学价值的核心追求，概括起来是 12 个字："爱母语、会读书、会思考、能表达。"

"3+N+1"就是丁老师所在学校研讨出来的引导学生学会表达的教学方法。所谓"3"就是国家制定的标准习作教材，而 N 就是教师的个性课程、学生的生活实践，是结合巴蜀地方特色、风俗习惯编订的习作教本。"因为无论是写作还是口头表达，只有让孩子贴近自己真实的生活题材，孩子们才有话可说。"

在课程体系下进行课堂教学变革，把"教"堂变"学"堂，教室变学室。走进丁小彦的教室，你会被班上孩子能背诵近两百首诗所震撼，也会被同学们自己创作的图文日记所吸引，还会被 DIY 徽章的奖励所感染。丁小彦重预习、给空间，助力孩子养成好习惯。说起她，大家都知道她的"预习六步法"。在课堂上，她检查预习，并针对预习情况用核心问题串起教学，引导学生习得方法从而形成能力。她创造性地在班级博客里开设"阅读天天见"栏目。每天更新经典文章，带领学生赏析一篇美文就互动讨论。几年如一日的坚持，量变带来了质变，既提升了孩子的阅读兴趣，也提升了学生的语文素养。

丁小彦经常这样引导身边的青年教师："教师就是要打开思维的墙，视野要广，眼界要高，要跨学界整合。不光从语文学习的内容、师生的思维方式和学习方式去着眼，还要从儿童生活的三重境界——儿童当下的生活、未来的生活、梦想的生活去思考。从时间与空间、从单一到多元、从站好三尺讲台到拆掉教室围墙，多个维度革新语文课堂。"

丁小彦老师是全国教书育人楷模，读了丁小彦老师的"3+N+1"教学方法和"预习六步法"的语文教学法，同学们有什么感触呢？你能不能也像丁老师一样开发出自己独具特色的教学方法呢？相信同学们通过本章的学习，会找到自己的答案。

第一节　教学方法概述

一　教学方法的概念

苏联学者马克西姆·高尔基说过："学习并不等于就是模仿某些东西，而是掌握技巧和方法。"那么，什么是方法呢？《辞海》中对"方法"一词下的定义是：为达到某种目的所用的方式和步骤。所谓教学方法是指教师和学生为了完成一定的教学任务，实现预设的教学目标而在教学过程中采用的方式的总称。这里需要注意的是，以往，人们常把教学方法与教师的教相联系起来，把教学方法简单地等同于教师的教法，这是不恰当的，在一定程度上忽视了教学方法是师生共同的活动方式。因此，教学方法包括教师教的方法和学生学的方法。

 二　两种对立的教学方法思想

随着现代科学技术和教学理论及教学实践的发展，新的教学方法不断涌现。依据运用教学方法的指导思想不同，各种教学方法可归并为注入式和启发式两大类，这是两种根本对立的教学方法。

注入式是一种"填鸭式"的教学方法，是指把学生看成被动接受知识的容器，只从教师的主观愿望出发，用强制的方法向学生灌输知识，无视学生在学习中的主观能动性。

启发式是指教师在教学过程中，根据教学任务和学习客观规律，从学生的实际出发，采用各种有效的形式，调动学生学习的主动性和积极性，使学生主动积极地学习，以促进学生身心发展的一种教学指导思想。

这种分类指明了教学方法在使用过程中，由于指导思想不同而具有不同的性质特征。需要指出的是，启发式教学或注入式教学，都不是一种具体的教学方法，而是教师运用教学方法时的指导思想，具体的教学方法在不同思想指导下既可以具有启发作用，也可能出现注入式情况。判别一种教学是否具有启发性，关键是看教师能否促进学生积极主动地去学习，而不能单从形式上去加以判断。

对注入式和启发式教学特征的重新审视①

中外教育史上，注入式教学和启发式教学一直是两种根本对立的教学指导思想和行为方式。虽然二者的含义在不同的时期有所不同，人们对它们的理解也不尽一致，但在当今世界教育改革日渐深入的条件下，尤其是在我国新课程改革的背景下，人们对于二者又赋予了新的更宽泛更深刻的内涵。因此，重新审视注入式与启发式教学在教学理念、思维方式、教学行为方式、师生关系和教学效果等方面的区别，帮助广大中小学教师认识二者的不同特征，在实施新课程时自觉地摈弃注入式教学，运用启发式教学具有重要的现实意义。

注入式教学把教学过程完全等同于人类一般的认识和实践活动过程，将学生这一活生生的有思想、感情和人格的发展主体视为纯粹的客体。因此，强调教师中心、教材中心和课堂中

---

① 汪霞. 小学课程与教学论［M］. 上海：华东师范大学出版社：2011：83.

心，教师主宰教学过程，过分崇尚教师、教材为代表的社会思想和统治阶级的意志等外在控制力量对学生的模塑、加工和改造的作用，漠视了学生的内在需求、兴趣、意愿等，完全将教学过程运作成一种支配自然界的过程。启发式教学则以教师和学生为发展的共同主体，以学生素质的发展为中心，将教学过程视为师生在互动交往情境中共同体验、共同创造、共同发展的过程。在这一过程中，教师不再是知识的占有者、真理的化身、权威的象征，而是在学校、班级这一"学习共同体"中和学生一起学习、研究、探索的参与者、指导者和促进者。因此，教师的教学是在充分尊重学生的需求、价值和人格的基础上，启动学生求知欲和兴趣，激活学生的思维和想象力。教师的教学重点不是放在如何教上，而是放在学生的学习指导和点拨上。通过设置问题情境或提供背景材料，让学生通过对问题的质疑、研究和探索，自己寻找解决问题的方法或答案。另一方面，教学的过程不仅包括教师启发引导学生，而且包括师生之间和学生之间通过信息的多向传输和驱动、相互启发诱导，从而在具体现实的教学情境中创造和生成新的知识、情感和方法。在这种情况下，师生的思维相互砥砺和碰撞而闪烁着创造的火花，教学过程已成为师生间经验的共享、视界的融汇、情感的共鸣、心灵的融合、思想的共振的生命与人格升华的过程。

综上所述，对师生课堂地位的理解决定教师的教学方法，师生是完成教学的有机结合体，二者是辩证统一的关系，忽略任何一方的地位和作用，都会出现教学失误，影响教学质量。教学中真正落实学生主体教师主导的作用，必须遵循教育规律，充分研究学生学情、教材教法，设计高质量的问题情境，引导学生主动探究，在课堂教学中处理好教与学的关系，突出学生"学"的同时，注重教师"教"的重要性，让学生的发展在课堂教学中高效达成。随着课改的进一步深入，新教学方法与传统教学方法逐渐达成一些共识，如问题引领学习、启发式教学等等，力求启发式讲授教学与活动式教学有机结合，保证学生思维参与度，让学生真正通过自己实质性思维活动获取知识和方法，发展思维与能力。

第二节 小学常用的教学方法

小学教学科目和内容的多样性及小学生身心发展的特点和规律决定了小学教师应该在教学过程中灵活运用各种教学方法来进行教学。

目前，我国中小学教学中常用的教学方法主要有以下几类：以语言传递为主的教学方法，比如讲授法、谈话法、讨论法和读书指导法；以直观感知为主的教学方法，比如演示法、参观法；以实际训练为主的教学方法，比如练习法、实验法、实习作业法和实践活动法；以情感陶冶为主的教学方法，比如欣赏教学法、情境教学法等。

 一 以语言传递为主的教学方法

这类教学方法以语言传递信息为主，是教师应用口头语言向学生传递知识和技能，以师生口头语言互动，以及学生独立阅读语言为主的教学方法。它包括讲授法、谈话法、讨论法和读书指导法。

（一）讲授法

讲授法，是指教师使用连贯的语言向小学生传授系统的科学文化知识，提高学生思想认识，发展其智力和能力的教学方法。讲授法是历史最悠久的一种教学方法，教师运用各种教学方法进行教学时，大多都伴之以讲授法。讲授法能在较短时间里给学生传授大量的系统的科学文化知识，还能够充分发挥教师在教学中的主导作用。因此，它也是当前我国教师使用的最为普遍的教学方法。

教师在采用讲授法进行教学时，根据讲授本身的特点和讲授科目、内容的不同，一般会通过讲述、讲读、讲解、讲演这四种方式向学生描述情景、叙述事实、解释概念、论证原理和阐明规律。

第一，讲述。主要是指教师通过生动、形象的语言向学生描绘学习的对象、介绍学习的材料、叙述事物产生变化的过程的方法。讲述法在小学尤其是在小学中低年级使用得十分广泛，并且讲述法适用于各科的教学。

第二，讲读。即把讲、读、写等综合运用起来进行教学的方法。讲读多运用于小学语文和英语学科教学中，通过讲读调动起学生的多种感官，以提高学生学习的效果。

第三，讲解。主要是指教师采用系统而逻辑严密的语言向学生说明、解释和论证科学概念、原理、公式和定理等的方法。讲解主要在小学数学、科学等学科的教学中运用得较为普遍。

第四，讲演。主要是指教师以某一教学内容为专题，对其进行比较系统和深入的分析、论证，并做出科学结论的方法。它主要是以演说和报告等的形式出现，但其深度和难度又低于一般的学术报告。由于讲演需要的教学时间比较长，这种方法一般是在小学高年级使用。

教师在运用讲授法时应注意以下问题：

第一，注意讲授的科学性、思想性。讲授的科学性是对教师采用讲授法最基本的要求，即教师在讲授时首先要保证讲授内容的准确无误。讲授的思想性是指教师在讲授时还应充分挖掘教材内容中蕴藏的德育因素，在学科教学中渗透思想品德教育。

第二，注意讲授时的启发性。讲授法是最古老，也是使用得最为普遍的教学方法。但过去，也有人将讲授法和注入式的教学方法等同起来，认为教师采用讲授法进行教学就会导致课堂的"满堂灌"。其实这是对讲授法的误解，上一节已经提到了，注入式教学只是教师运用教学方法时的指导思想，不能等同于某种教学方法。因此，教师在运用讲授法时一定要注意启发学生的思维，可设置一些符合学生"最近发展区"的问题情境，使学生主动思考，从而发展学生的智力和能力。

第三，注意讲授时的语言艺术。讲授法是最考验教师语言功底的一种教学方法，教师在讲授时应努力做到语言清晰、准确、简练、形象，讲授的音量、速度适度，还要注意音调的抑扬顿挫，如有必要还可借助适宜的身体语言，以提高语言的感染力。

（二）谈话法

谈话法也叫问答法，它是教师根据一定的教学目的、任务和内容，向学生提出问题，要求学生回答，在问（教师）与答（学生）的过程中引导学生思考、探究、获得新知识或巩固所学知识的方法。谈话法有助于教师及时了解学生的学习情况，帮助教师更好地进行因材施教，通过师生问答，还有助于培养学生的思维能力和语言表达能力。谈话法也是最古老的教学方法之一，我国的孔子和西方的苏格拉底都十分擅长运用这一方法。

教师在运用谈话法时应注意以下问题：

第一，准备好问题和谈话计划。教师运用谈话法的前提和关键就是设计好问题和谈话计划。一般来说，教师设计的问题应具备以下特点：设计问题的依据是预设的教学目标、教学重难点以及小学生身心发展的特点和规律；提出的问题既要面向全体学生，又要因人而异，兼具典型性和针对性；问题要有梯次性，做到层层深入。

第二，善于提问。教师向学生提的问题要明确具体，并且要选择好提问的时机，最好是在学生"心求通而未得之意，口欲言而未能之貌"时向学生发问，从而启发学生思维。

第三，做好归纳、小结。归纳、小结是谈话后的总结工作，教师在与学生的问答过程中要仔细聆听，及时纠正学生的错误认识，或为学生提供解决问题的新思路。通过归纳总结促使学生将头脑中零散的知识系统化。

 案 例

创新的记叙文课堂阅读教学，要变"提问课文"为"利用课文"①

关于大部分的记叙文阅读教学，目前基本的教材运用方式就是"提问课文"，好像一篇课

---

① 余映潮. 创新的记叙文课堂阅读教学 [J]. 语文教学通讯，2016（02）：74-76.

文的内容问清楚了，这篇课文的教学任务就完成了，其实这是在"教课文"，或者说是"就课文问课文"。而"利用课文"则是将课文视为语言学习、技能训练、知识学习的载体，利用课文中精要的资源来组织学生的课堂实践活动，在对学生进行训练之中完成对课文内容的深刻理解。

下面是《钓鱼的启示》中"提问课文"教法的一些典型的无效提问：

①父亲和我在什么地方钓鱼？②那条大鲈鱼是怎样钓上来的？③"我"要把鲈鱼留下的理由是什么？④从钓到大鲈鱼到把大鲈鱼放回湖里去，"我"的心情有怎样的变化？⑤难道父亲不喜欢这条鲈鱼吗？⑥面对十一岁的儿子，父亲竟然做出了那么残忍的决定，这是为什么？是不是不爱"我"？⑦如果钓鱼的人是你，你愿意把鲈鱼放回到湖里吗？⑧鱼到底该不该放呢？请同学们敞开心扉，进行辩论，实话实说。

这些提问，只是在导引着学生解读课文内容，有时候连"解读课文"的教学层次都达不到，废问成堆，没有深度，没有品词论句，没有精段品读，没有手法品析，没有朗读训练。有的只是浮于课文表面的提问，有的提问如"鱼到底该不该放呢"甚至还要求学生讨论，其实这些都表现出教师连课文都没有读懂。所以这样的教学一定是低效的，一定是看起来热热闹闹而基本上没有什么训练效果的。

结合这个案例，思考在课堂上什么样的提问是有效的？

（三）讨论法

讨论法是指根据教学的要求，在教师的指导下，班级或小组围绕某些问题各抒己见、展开辩论，辨明是非真伪，以此提高认识或弄清问题的方法。讨论既可以是整节课的课堂讨论，也可以是几分钟的短暂讨论；或是全班性的讨论，或是小组讨论，或是这几种形式的组合。讨论法有利于激发学生学习的积极性，有助于培养学生的思维能力、研究能力、语言表达能力和组织管理能力。

教师在运用讨论法时应注意以下问题：

第一，讨论的问题要有吸引力。讨论一般是在教师的指导下以小组的形式展开的，对学生主动思考的要求程度更高，因而更要求教师提出的问题对学生要有吸引力，所设置的问题最好是要处于学生的"最近发展区"。

第二，善于在讨论中对学生启发、引导。教师运用讨论法时要处理好教师主导与学生主体的关系，不能完全由学生自由讨论，在学生讨论过程中要引导好谈论过程，包括营造好讨论氛围，鼓励学生积极思考、踊跃发言；同时，教师还要在学生讨论时留心观察，引导学生的讨论不要偏离主题。

第三，做好讨论小结。讨论结束后，教师要对学生的各种意见和观点进行分析和综合，并做出科学的结论。

第四，注意讨论法使用的对象和范围。讨论法对学生自主学习能力的要求更高，也要求学生必须在知识掌握方面达到一定的广度和深度，因此，对小学低年级的学生不宜经常采用讨论法。

（四）读书指导法

读书指导法是指在教学过程中，教师教给学生阅读的方法，指导学生自主阅读教科书、参考书，使学生掌握知识、发展智力的方法。读书指导法的范围包括指导学生预习、复习、阅读参考书、自学教材等。这种教学方法对培养和发展学生的阅读能力，进而教会学生学习、发展学生自学能力等具有独特意义和价值。

教师在运用读书指导法时应注意以下问题：一是教师在学生阅读前要提出明确的目的、要求，发挥教师的指导作用。二是教给学生读书的方法。"授人以鱼不如授人以渔"，比如指导学生阅读时在书上做记号、画重点、谈见解、做读书笔记等。

二　以直观感知为主的教学方法

这类教学方法是指教师组织学生直接接触实际事物并通过感知觉获得感性认识，领会所学的知识的方法。它主要包括演示法和参观法。

（一）演示法

演示法是教师把实物或模型、图片等直观教具展示给学生观察，或通过示范性的实验，或通过现代教学手段，使学生获得感性知识，以此获取知识的一种教学方法。演示法有助于学生获得直观、典型的感性认识，从而理解书本上的概念、原理和规律。

教师运用演示法应注意以下问题：第一，做好演示前的准备工作。在演示前教师要选好演示的工具和材料。第二，要使学生明确演示的目的、要求与过程。在演示前要让学生明确教师演示的目的，让学生有目的地进行观察。另外，教师应指导学生在观看演示时要尽可能动员多种感官对演示对象和过程产生清晰的感知。第三，采取有效的演示方法。演示方法的选择要符合预设的教学目标和已有的教学内容，还要符合学生身心发展的特点。

案　例

教学"口算乘法"一课，教材中为了明晰"15×3"的口算原理，出示了一张小正方体的演示图，形象地演示"先分后合"这一计算方法。教师为了使学生对教材中的演示图有更清晰的理解，便将演示图设计成了动态演示的课件，每演示一个步骤，便呈现一个相应的算式，这样将形象的演示过程与抽象的算法一步步结合、联系起来，学生对每一步的计算过程就更加清晰明了。[1]

（二）参观法

参观法是教师根据教学目的和要求，组织学生对事物进行实地观察、研究，使学生获得新知识，巩固、验证旧知识的一种教学方法。参观法有助于学生获得直观、感性的知识经验，对学生的学习起着补充和验证作用，还有助于密切学校课程内容与生活的联系，是小学教学中常用的教学方法。

教师运用参观法时应注意以下问题：第一，参观前做好准备工作。教师在带领学生参观前要制订好参观计划，主要包括确定参观的时间、地点、对象及参观的重点等。第二，参观时要及时引导。教师要指导好学生的参观过程，引导学生在参观时能积极地看、听、问、记等。第三，参观后要及时组织小结。教师主要是帮助学生整理好参观记录，写好参观报告等。

三 以实际训练为主的教学方法

这类教学方法是以学生的学习活动为主，使学生掌握知识、形成技能，培养学生解决问题能力为主要任务的一种教学方法，它主要包括练习法、实验法、实习作业法和实践活动法等。

（一）练习法

练习法是指教师根据教学的要求，给学生布置一定的作业，然后学生在教师的指导下，通过课内和课外完成作业的方式运用所学知识反复完成一定的操作，或完成某类作业与习题，以巩固知识，形成技能、技巧的方法。在小学阶段，不同年级的学生和不同科目的学习都离不开练习法。

教师在运用练习法时应注意如下问题：第一，提高练习的自觉性。要提高学生练习的自觉性，就要明确练习的目的、任务，让学生清楚地知道为什么要练习，通过练习要达到什么样的效果。第二，循序渐进，逐步提高。这就要求教师科学合理地组织学生练习，合理安排练习时间，布置恰当适宜的练习任务，并且要控制练习的难度，分梯度分阶段进行练习。第三，严格要求。教师在学生练习前就应说明要求与规范，并及时监控学生练习的过程，也可利用一些奖惩措施规范学生的练习。

（二）实验法

实验法是在教师指导下，学生运用一定仪器设备进行独立作业，通过条件控制引起实验对

---

① 游燕妮. 浅谈直观演示法在小学数学教学中的应用 [J]. 新教师，2017（03）：52-53.

象的某些变化，从观察这些变化中获得知识和技能的方法。实验法能帮助学生直观地了解事物之间的因果联系以及事物发生发展过程的规律，也有助于培养学生的动手操作能力、探究意识和对科学研究的兴趣等。

教师在运用实验法时应注意如下问题：第一，做好实验前的准备。主要包括准备好实验的仪器设备，让学生明确实验的目的，必要时教师还可做示范性实验。第二，注意实验过程中的指导。在实验过程中，教师要加强指导，确保实验的程序科学、操作规范、结论正确，另外，还需特别提醒学生实验时注意安全。第三，要求学生独立操作，做好实验小结。实验结束后，教师要以实验的过程和正确的结论为重点进行小结，并指导好学生写好实验报告。

（三）实习作业法

实习作业法，又称实习法，是指教师根据教学的要求，组织学生在校内外一定的场地，运用所学知识进行实际操作或其他实践活动，以帮助学生获得一定的知识、形成技能技巧的方法。实习作业法具有较强的实践性、独立性、创造性，因而对学生的要求较高。

（四）实践活动法

实践活动法是让学生参加社会实践活动，培养学生解决实际问题的能力和具有多方面实践能力的教学方法。在实践活动法中，学生是中心，教师是学生的参谋或顾问。实践活动法与实习作业法的区别在于，实践活动法是学生在实际的生活中，通过实践总结形成知识与能力，是先实践后知识。实习作业法的目的在于学习了某个知识后，学生能在实际生活中单独使用，是先知识后操作，其核心还在于教师的作业布置。

四　以情感陶冶为主的教学方法

（一）欣赏教学法

欣赏教学法是指通过欣赏活动，使学生通过欣赏事物的真、善、美，陶冶性情和培养正确的态度、兴趣、理想和审美能力的方法。在中小学教学中，欣赏的内容主要有：艺术美和自然美的欣赏，如对音乐、美术、文学作品和大自然的欣赏；道德美的欣赏，如对教育内容中的人物和事物的道德品质的欣赏；理智美的欣赏，如对科学研究中追求真理、严密论证、探索精神的欣赏。

（二）情境教学法

情境教学法是指在教学过程中，教师有目的地创设具有一定情绪色彩的、类似真实生活的活动场景，以引起学生一定的情感体验，从而帮助学生理解教材，综合地对学生施加积极影响的一种教学方法。情境教学法的核心在于

情境教学法

激发学生的情感，寓教学内容于具体形象的情境之中。这种方法必然存在着潜移默化的暗示作用。要求教师创设的情境要新颖，最主要的是为学生创设顺利完成教学内容的情境，并能把学生引入情境之中，有效地调动学生的主观能动性。

情境教学法在小学语文教学中的应用①

《将相和》是部编版小学语文五年级第一学期第二单元的第二课。以这篇课文为例，教师可以让学生对这篇文章进行预习，了解教材中的人际关系以及文章脉络、背景，对文章主要内容有一个基础的了解。之后创建表演情境，使学生融入课堂教学中。以将相之间"和""不和"为主要线索，探索课文的核心。学生可以在角色扮演中思考。可以安排4名学生分别扮演蔺相如、廉颇、赵王、秦王。教师应将这4个人的台词分别列出来，让学生通过人物的不同语言，分析人物个性，了解完璧归赵故事的来龙去脉。由于表演涉及场景比较多，可以挑出一个精彩片段进行表演。通过蔺相如与秦王的对话内容，进行表演情境的设置。通过表演情境，教师可以让学生学会主动去感受人物本身的情感，理清文章线索，并将每一个人物的基本特征进行总结，学生可以从蔺相如身上美好的品质中获得极大的教育以及启发。

五 选择教学方法的依据

苏霍姆林斯基关于教学方法的建议

老师的困惑：有没有最理想的教学方法？

刘老师听过很多的教学法：行动导向教学、项目式教学、问题驱动式教学、情境教学、探究式教学等等。刘老师总是问自己这个问题：针对一个教学问题或者情境，有没有一种最理想的教学方法呢？

随着教育实践的发展和教育改革的深入推进，教学方法的种类和形式越来越多样化。"教学有法，但无定法，贵在得法"，教学方法千差万别，任何一种教学方法都有其适用范围，教师不能生搬硬套。科学、合理地选择和有效地运用教学方法，要求教师能够在现代教学理论的

---

① 冉林玉.情境教学法在小学语文教学中的应用 [J].佳木斯职业学院学报，2020（03）：83-84.

指导下，考虑教学目标、教学内容、学生特性等因素，熟练地把握各种教学方法的特性，综合地考虑各种教学方法的要素。教学方法是多种多样的，每种方法都有独特的作用，有一定的适用范围，所以，运用教学方法时应认真选择。选用教学方法的依据主要有以下五个方面。

第一，教学的目标和任务。教学方法的选择首先就要参考预设的教学目标，每节课都有一定的教学目标和任务，要选择能够实现教学目标、完成教学任务的教学方法。如要使学生掌握理论知识，可用讲授法、谈话法；要使学生获得感性经验，常用演示法、参观法等。

第二，课程性质和内容。课程的学科性质和内容与教学方法的关系十分密切，不同的学科课程有各自更为适用的教学方法，如语文、英语常常采用讲授法和练习法，科学课常采用演示法和实验法，音乐、美术学科常采用以情感陶冶为主的教学方法。

第三，学生的年龄特点和知识水平。教师在选用教学方法时还要重点考虑学生的年龄特点，学生的年龄不同，其知识准备程度和身心各方面的发展也不同，选择与应用的教学方法也应不同。如小学低年级学生的思维发展特点是以具体形象思维为主且注意力易分散，因此，教师在教学时宜多用以直观感知为主的教学方法；而小学高年级学生的思维发展逐步过渡到抽象逻辑思维，因此，教师在教学时可适当采用谈话法和讨论法。

第四，教师的素养条件、实际经验和个性特点。使用某种教学方法需要教师具有相应的素养和实际教学的经验，有些方法虽好，但教师如果缺少相应的素养和实践经验，也产生不了良好的教学效果。因此教师在选择教学方法时，还应扬长避短，要注意选择适合自己特点的教学方法，充分发挥自己的特长，从而确保教学过程中的最优化。

第五，学校的设备条件和教学时间。不少教学方法的运用需要一定的设备条件的支持，如实验法需要一定的仪器和材料，演示法需要一定的直观教具等。因此，教师在选择教学方法时，要考虑到学校的硬件设备条件，如果学校不具备相应的条件，教师也可因陋就简，尽量创造条件加以运用。

教学方法兼具科学性和艺术性，教师既要合理地选择教学方法，全面、具体、综合地考虑各种相关因素，进行权衡取舍，又要善于对教学方法进行再创造，灵活地加以运用。

 研习选题

请你深入一所小学，观察一线教师常用的教学方法，并写好观察报告。

─── 本章知识结构导图 ───

小学教学方法
├─ 教学方法概述
│   ├─ 教学方法的概念
│   └─ 两种对立的教学方法思想
└─ 小学常用的教学方法
    ├─ 以语言传递为主的教学方法
    ├─ 以直观感知为主的教学方法
    ├─ 以实际训练为主的教学方法
    ├─ 以情感陶冶为主的教学方法
    └─ 选择教学方法的依据

历年真题

参考答案

1.【2022年上】为了认识蚕的生长过程，李老师指导学生饲养蚕宝宝，观察"卵—幼虫—蛹—蛾"的变化，这种教学方法是（　　）。

A. 谈论法　　　　　B. 实验法　　　　　C. 练习法　　　　　D. 演示法

2.【2019年下】教授《雪地里的小画家》一课时，张老师展示了大量动物脚印的图片，帮助学生更好地理解课文内容。他所采用的教学方法是（　　）。

A. 实验法　　　　　B. 练习法　　　　　C. 演示法　　　　　D. 参观法

3.【2019年上】学完《雷锋叔叔，你在哪里》一课后，为了更好地达成"通过朗读感悟，懂得奉献爱心"的教学目标，老师布置了学生有感情地反复朗读课文的作业。这种教学方法属于（　　）。

A. 练习法　　　　　B. 实验法　　　　　C. 读书指导法　　　　　D. 实习作业法

4.【2018年上】为验证二氧化碳不支持燃烧，老师让学生分组合作，把点燃的火柴放进装有二氧化碳气体的瓶中，并观察瓶中的变化。这种教学方法属于（　　）。

A. 实验法　　　　　B. 练习法　　　　　C. 演示法　　　　　D. 探究法

5.【2017年上】课堂教学中，课桌椅摆放方式会影响教学方法的运用效果，一般来说"秧田型"最适合的教学方法是（　　）。

A. 实验法　　　　　B. 讲授法　　　　　C. 探究法　　　　　D. 讨论法

6.【2016年上】小学科学课上，教师指导学生通过显微镜观察植物内部结构，获得有关植物的知识，这种方法属于（　　）。

A. 参观法　　　　　B. 实验法　　　　　C. 演示法　　　　　D. 实习法

知识点检测

1. 如何理解教学方法的内涵？

2. 常用的教学方法有哪几类？

3. 如何合理地选择和使用各种教学方法？

参考答案

第七章

小学教学手段

学习目标

✦ 了解教学手段的基本概念和发展；

✦ 理解各种教学手段的一般功能，掌握选用教学手段的影响因素和基本原则；

✦ 了解教学手段现代化的基础，能灵活运用当今小学常用的现代化教学手段。

案例导入

关于多媒体课件教学的思考

运用多媒体课件上课，已经成为一股热潮。有的教师认为，只要用多媒体教学，就改善了教学活动，就是走进了新课程。因此，不管教学内容是否需要，一律采用多媒体课件进行教学。

某教师在教授《角的认识》一课时，在教比较两角的大小环节时，教师先让学生实际动手操作，比较两个角的大小，还引导学生说出了比较的方法，但教师还觉得不够，又利用Flash 制成的动画，将比较的过程重新演示了一遍。

在本节课中，通过学生动手操作，教学效果已经很好了，教师又用多媒体来演示，这样做是没有必要的，不仅浪费了教学时间，又影响了教学效果，实在是画蛇添足。①

那么，在小学教学过程中如何才能真正做到科学、合理、合情、有效地应用多媒体课件呢？

---

① 孙志华. 利用多媒体课件的两个误区 [J]. 江西教育，2011（03）：59.

第一节　教学手段概述

随着电子技术、计算机技术以及网络通信技术的迭代演替，教学手段在教育教学实践中不断得以丰富和优化。作为一名小学教师，对教学手段的全方位理解和综合运用，有助于提高课程与教学的效率和质量。下面就让我们围绕教学手段的概念、功能、发展和小学常用的教学手段及其选择展开新一章的学习吧。

一　教学手段的概念

在教学活动中，教学手段是不可或缺的中介，它对教学活动的重要性也是不言而喻的，我们无法想象没有手段的教学将如何进行。

关于教学手段的定义，可谓是"仁者见仁，智者见智"。田惠生在其《教学论》中认为教学手段是指"师生为实现预期的教学目的，开展教学活动，相互传递信息的工具、媒体或设备"。[①] 有的人认为教学手段指的是为了实现预期的教学目的，开展教学活动而使用的工具、媒体或设备。[②] 有的人认为教学手段是指师生开展教学活动所使用的工具设备以及所借助的技术条件。[③] 有的人认为教学手段是师生为实现预期教学目的所使用的相互传递信息的工具、媒体或设备。[④] 还有的人认为小学教学手段是指小学教师为提高教学效率而采用的一切器具、设备和设施。[⑤] 从他们的观点中，不难发现教学手段就是围绕教学活动而选取的一切器具、设备和设施。

综上所述，教学手段是指在教学活动中，根据教学任务，师生为实现预期的教学目标而使用的相互传递信息的工具、媒体或设备。根据这一定义，教学手段的内涵可以从以下三个方面来进行理解。

一是教学工具、媒体或设备的使用不是盲目的，要受教学目标、教学任务的制约，不同的教学任务要使用不同的教学手段。

二是教学手段既是教师教学的手段，也是学生学习的手段。特别是在倡导学生自主学习、

---

① 田惠生，李如密. 教学论 [M]. 石家庄：河北教育出版社，1996：226.
② 徐继存，徐文彬. 课程与教学论 [M]. 北京：高等教育出版社，2009：204.
③ 王本陆. 课程与教学论（第3版）[M]. 北京：高等教育出版社，2017：12.
④ 黄艳芳. 课程与教学论 [M]. 北京：北京师范大学出版社，2010：221.
⑤ 李三福. 小学课程与教学论 [M]. 长沙：湖南科学技术出版社，2008：8.

合作探究学习的教学中，学生更加需要借助学具操作、多媒体演示、网上查询等方式掌握知识。

三是教学手段表现为教学工具、媒体或设备，它们都是教学活动中所使用的物质工具，这些工具是不断发展变化的。

二 教学手段的功能

20世纪90年代，在经历了电化教学手段的规模化发展之后，教学手段的功能问题开始受到研究者们的重视。

（一）提高学生学习兴趣，促进学生积极思维

现代化教学手段融声音、光色、情景于一体，视听并举，动静兼备，改变了传统的以教师口授作为传播信息的教学方法，把教科书中死的知识变成活的知识，容易吸引学生的注意力，能激发学生的学习兴趣。

（二）扩大课堂知识的容量，丰富课堂教学内容

运用现代化教学手段，教师在上课前将教学目标、板书设计、地图、图片等制成音频、视频、PowerPoint课件，在课堂上配合教学进行展示，这样做既节省了时间，又可以适当补充一些与教材有关的知识，大大丰富了课堂教学内容，扩大了学生的眼界。

（三）减轻学生记忆负担，降低理解难度，提高学生学习效率

现代化教学手段负载的图形信息较之于文字叙述更加简洁、鲜明、形象，更具有概括性、生动性和真实性，从而使那些学生原来难于理解的知识变得真实可信。教育心理学研究表明，视听并行是提高广大学生学习效率的最佳途径。运用现代化教学手段，调动学生的感官，加深学生对所学知识的印象，提高记忆的效率和质量，可以让学生最大限度地、全面地掌握事物的特点，引导学生将感性知识与抽象思维相结合，在最短的时间内完成理解和记忆。

（四）加强情意教学，培养高尚情操

在教学中运用现代化的教学手段，把书本上死知识生动地展现在学生眼前，可以让学生通过想象感受氛围，将自身融入角色，激发其对美好事物的热爱，使其内心受到震撼，心灵得到净化，情操得以升华。

教学手段，尤其是现代化教学手段的运用，极大地丰富了课堂教学形式，加载了课堂的信息量，提高了课堂运转速度。但教学手段的运用不是万能的，它对教学除了起着正向功能之外，也会产生负向功能，如疏于品德、人格教育，缺少情感教育，容易转移学生注意力，有损

于学生身体健康，诱发高科技犯罪等。①

 ## 三　教学手段的发展

（一）教学手段发展的历史

1. 20 世纪以前的主要教学手段

人类社会进入奴隶社会以后，作为专门化的教育机构的古代学校随之产生了。在古代学校中，随着文字系统以及书写工具的发展，泥板书、纸莎草纸书、简牍书、羊皮书先后以"教学手段"的身份登上历史舞台。除了教学专用书籍之外，很多工具、器物都开始在教学活动中扮演"手段"的角色。例如，在礼仪、音乐、舞蹈、射箭等学科的教学中，一些专门的器具出现了。

随着近代科学技术的发展，教学手段，尤其是实物形态的教学手段随之更加丰富起来。最具代表性的当属夸美纽斯于 1658 年出版的《世界图解》。该书是一本有关自然（宇宙、地理、植物、动物、人体等）、人类活动（手工业、农业、交通、文化等）和社会生活（国家管理、法院）的百科全书式的教学用书，书中附以插图 150 幅。该书作为童蒙教科书在欧洲使用了近两个世纪，影响很大。

2. 20 世纪以后的主要教学手段

20 世纪初期至今，人类进入了现代社会。随着信息技术的不断发展，教学手段最大的变化就是电子化、信息化、智能化。19 世纪末 20 世纪初，有人根据夸美纽斯的直观教学理论，尝试在教学中使用了幻灯片，这标志着电化教学手段在教学中应用的开始。幻灯片的使用给教学带来了新的挑战和机遇。1925 年，美国心理学家普莱西发明了世界上第一台自动教学机器。此后 20 年，在斯金纳的推动之下，以教学机器为依托的程序教学开始走进学生的生活。

20 世纪 50 年代之后，教学手段日益凸显出电子化的特征。留声机、唱片、广播、电影等开始出现在教学活动中，视听教育逐渐在教育领域掀起热潮。

20 世纪 90 年代以后，计算机技术日新月异，互联网以始料未及的速度向全球扩张，多媒体、超媒体技术的发展为计算机辅助教学系统的研制提供了多媒体环境和以超文本方式组织信息的技术途径，多媒体计算机辅助教学系统及 CAI 课件平台高调崛起。此后，伴随着通信技术、信息技术的创新，现代教学设备不断完善，教学手段向动态、交互、集成、大容量、高速度、多功能方向发展。电子空间学校（虚拟学校）、多媒体网络教室、计算机远程教学平台等新的教学手段不断涌现。

---

① 唐智松. 论现代教学手段的负面作用 [J]. 电化教育研究，1998（04）：19.

21 世纪以来，交互式电子白板、电子书包、网络教学平台、微视频等教学手段受到世界各国教育工作者的高度重视，也成为世界各国教学改革的新焦点。

（二）教学手段发展的趋势

1. 教学手段日益自动化、微型化和多样化

许多现代化教学手段都有了自动装置，帮助教师省去了许多操作麻烦。如幻灯机自动换片、无线遥控；电影放映机自动装片、倒片；录像机定时自动录制电视台节目；录音机自动选择节目等。另外，自动收集、统计学生反应信息的学生反应分析器将进入学校教室；以摄录像为一体的摄录系统运用了微处理，使一系列烦琐的调整工作趋于全自动化，并具有记忆功能，使教学电视素材的获得变得轻而易举。微型化的现代教学手段便于携带、使用和收藏，将会得到广大教育工作者的喜爱。

2. 教学手段日益网络化、交互化和多媒体化

互联网是遍布全球的网络集合，而且信息的传输速度快、带宽大，又可以实现远程、广域通信，当这种技术应用于教育时，必将对教学中的教学手段、教学方法以至于教学模式产生深远影响，并将引起教育体制、教育方式的全新变革。

激光电视程序教学系统，一改过去录像教学只能单向传输的方式，以激光电视唱盘为软件，同微机联机实现人机对话，使学习过程中，媒体对学生的单一作用变为媒体与学生之间的双向作用，学生不再是旁观者，而是学习的积极参与者。无疑地，这种人机关系的新发展，将会对教学实践产生重要的影响。以计算机为基础的多媒体技术综合运用多种媒体在教学中，发挥整体效益，以求教学功能的最优化。

第二节　小学常用的教学手段及其选择

一　教学手段选择的影响因素

从运用上看，教学手段的选用没有统一的标准，它只能由教师的教学思想、教学经验、特长，学生的水平，教学内容的特点、具体的教学情境和实际的教学条件等因素来确定。教学手段的选择过程其实就是教师最富有个性的创造过程。

（一）教师的特点

教师特点主要包括教师的教学能力、专业素质、管理能力，对各种教学手段的特征和使用

方法的熟悉程度等。教师对教学手段的熟悉程度更是直接影响他（她）对教学手段的选用。比如，不懂计算机的教师绝对不要盲目选用计算机辅助教学。

（二）学生的特点

学生特点包括学生智力水平、经验积累、认知种类、学习兴趣、爱好、年龄以及学生群体的规模，这些因素都影响教学手段的选用。如善于独立思考的学生比较喜欢独立学习，他们更喜欢程序教学，而对于依赖性较强的学生，则更愿意受他人的影响，因而电视、电影、微视频、Flash 等媒体教学则更为合适。如果学生规模高达二三百人，扩音设备就是必备的。

（三）学科的教学任务

选用教学手段的目的是有效地完成所教学科的教学任务并实现教学目标。忽视教学任务的要求而随意选择教学手段，不但不能发挥教学手段的积极作用，甚至还会产生消极后果。在实践中，有的教师为了求新求变而盲目追捧流行的教学手段，产生了很多不良的效果。

（四）课堂教学时间

时间因素主要指教学所允许使用教学手段的时间。在小学，一节课往往只有 40—45 分钟，在这有限的时间里，教师要完成教学任务，教学手段的使用必须本着针对性强、必要且高效的基本原则，否则，教学手段的使用就会浪费教学时间。

（五）资源因素

资源因素主要是指可选用的教学手段的实际情况。当下，网络资源非常丰富，但在尚无网络覆盖的地区，想要使用互联网课件则是完全不切实际的。当然，教育工作者也要善于因地制宜地创新教学手段。曾经有这样一个事例，一位刚大学毕业分配到山区一所学校工作的年轻教师在给学生讲授地球仪的时候，全校找遍了也没找到地球仪。没有地球仪，这课该怎么上呢？老教师告诉这位年轻教师，多年来他们都是用篮球来辅助教学的。只要用得好，用篮球一样能够让学生懂得地球仪的相关知识。这个例子说明，教学手段的选用要符合实际，在资源匮乏的条件下，只要肯动脑筋，也能够找到合适的教学手段。

（六）环境因素

环境因素是指用于教学的场所及其配套设施，如教室的空间大小、采光程度以及内部有无电线、电子屏幕、网络等基本配置。随着我国"三通两平台"建设工程的全面推进，今后，越来越多的小学教师都将能够在配置了现代化教学设备的教室里开展教学活动，这极大地拓展了教学手段的选择空间。

二　选择教学手段的原则[1]

（一）发展性原则

这是选择教学手段的根本原则。所谓发展性原则，就是在选择教学手段时应考虑它在多大程度上能发挥教育作用，促进学生全面发展。教学的最终目的是使学生获得最大程度的发展，选择教学手段的直接目的则是促进教学目标的达成。不能为达到教学目标服务的教学手段，也就失去了它的教学价值。因此，应遵循教学目标要求，从学生身心发展需要的角度出发，科学选择教学手段。

（二）教学最优化原则

这是选择教学手段的重要原则。教学最优化原则是指把选择教学手段的过程放在整体的教学设计中，充分考虑教学的各种因素，协调教学手段与教学其他方面的关系，使教学手段的功效服从于整体教学设计，以取得最佳教学效果。实施这一原则，关键是要对教学的各个方面进行系统分析，包括：明确教学目标和任务；分析教学内容的特点、结构、逻辑联系、重点和难点及其教学意义；了解学生的年龄特征和学习习惯、个性特点；认识教师个人的教学风格和教学能力；熟悉学校的教学设备和教室的环境条件。此外，还要充分认识各种教学手段的特征、功能及其发挥积极作用的主客观条件，在此基础上再全方位考虑，力求达到最优的教学效果。

（三）互补性原则

这一原则要求在选用教学手段时，尽量避免单一，应综合、多样，互相补充使用。教学的追求是多方面的：既希望在教学过程中，学生能始终保持积极的学习态度和高度集中的注意力，又希望教师能从知识、技能、思想等方面给学生积极影响，还希望教学氛围融洽，教学过程轻松愉悦等。而每种教学手段都各有其长处和短处，有时，这种手段的短处可能恰恰是另一种手段的长处。所以，综合使用多种教学手段就可以取长补短，充分发挥教学手段的整体功能，尽量满足教学的种种需要，避免一些不利后果。

（四）健康和安全原则

健康和安全原则是人类一切活动的首要原则。在教学手段的应用上，由于教学活动的特殊性和教学手段的复杂性，不可避免地会遇到一些与健康和安全相关的问题与情境。比如，在小学阶段，如果教师在课堂上总是依赖电子书包或是投影屏幕来传递教学信息，长此以往，学生的视力就可能受影响。因此，在选择教学手段的时候，提出保障健康和安全的要求不仅是应该的，而且还特别重要。

---

[1]　王本陆.课程与教学论（第3版）[M].北京：高等教育出版社，2017：185-186.

三　教学手段的现代化

基础教育信息化是提高国民信息素养的基石，是教育信息化的重中之重。教育信息化带动教育现代化，而教育现代化离不开教学手段的现代化。作为一名教育工作者，必须认识到教学手段现代化是历史发展的必然，教学手段发展的基本取向就是向现代化的更高层次迈进。

（一）教学手段现代化的基础[①]

1. 社会发展基础

19 世纪末以来，世界人口激增带来巨大的入学压力、人类知识总量的激增与老化和知识周期缩短的矛盾对教育提出了挑战、高涨的民主运动对普及教育的要求等成为促进教学手段现代化的社会因素。

2. 科学发展基础

神经生理学家 Brodmann 认为人的大脑功能分为 52 个功能区，Sprey 裂脑实验研究中发现人的左右脑各有分工。心理学家 Trechler 通过对感官与学习的关系研究发现，通过视觉、听觉、嗅觉、触觉、味觉而获得的知识分别是 83%、11%、3.5%、1.5%、1.0%。这表明，各种感官都与知识的获得相关联。因此，教学中应当调动学生的一切感官特别是视觉、听觉，最好的教学手段是视听结合、兼用形象与声音来呈现教学内容。

3. 技术基础

19 世纪末以来，幻灯机、电影、电视机、计算机等相继发明，并不断地在教学领域被推广使用。这些现代化的科学技术直接为教学手段的现代化提供了技术基础，正是这些现代科技把教学手段现代化变成了现实。而且，由于现代化教学手段具有设备电子化、兼用形声呈现教学信息、对教学内容作一定的变换处理、教学的时间与空间适应性强等方面的特点，它的出现对教育产生深刻的影响。

（二）当今小学常用的现代化教学手段

1. 多媒体课件

多媒体课件是指为了达成一定的教学目标，借助计算机技术，将文本、图片、音频、视频、动画等多媒体素材通过有机整合而构成的教学程序。从 20 世纪末期开始，多媒体课件逐渐成为小学教师组织开展课堂教学的重要手段。

小蚂蚁移动平台

多媒体课件的教学功能主要体现在以下三个方面：第一，文、图、声、

---

① 唐智松. 教学手段现代化的基础及策略［J］. 教学管理，2010（08）：34.

像并茂,有助于唤起学生的学习兴趣。第二,人机交互的信息组织形式,有助于优化教学方式。第三,超文本的资源组织结构有助于开辟多种教学路径。

2. 交互式电子白板

交互式电子白板,又称交互白板或互动白板(interactive whiteboard,IWB),是基于PC机的一种具有人机交互功能的输入设备,基本组成包括电子白板、电子笔、投影仪和相关应用软件,可广泛地应用在教学培训、远程教学和会议演示等领域。[①] 它融合了计算机技术、微电子技术和电子通信技术,具有传统黑板、普通白板、投影幕布、电子复写板等多种教学用具的功能,用户通过直接触控电子白板或使用一支特殊的笔就可以对交互式电子白板进行操控。

交互式电子白板的教学功能主要体现在:第一,屏幕批注,智能绘图。第二,遮挡隐藏,分批呈现。第三,拖放组合,凸显重点。第四,过程回放,呈现脉络。第五,模式切换,方便演示。第六,存储资源,便于调用。[②]

3. 微视频[③]

微视频是随着互联网的普及、智能移动终端的发展以及Web2.0时代的全面到来而出现的。在教学活动中,微视频是对长度在30秒到20分钟,可通过PC、手机、摄像头、DV、DC、MP4等多种视频终端进行摄录或播放的教学视频短片的统称。

微视频的教学功能主要在以下三个方面:第一,承载内容短小、精辟,目标明确,重点突出。微视频将宏大的内容解构为相对完整的特定微主题,不仅使知识点更加清晰、精致,而且有助于提高学习者学习的针对性。第二,对接终端多样,能够满足泛在学习需要。微视频形式短小,纯文字、图像或音乐都可以成为其内容,各种内容能够通过学习平台下载到个人电脑、智能手机、平板电脑等多种移动设备上,可为学习者提供灵活自主的移动化学习。第三,便于调用,可灵活运用于多种学习情境。如微视频可用于在线学习、面对面教学或混合学习,学习形态可以是正式学习,也可以是非正式学习。

4. 电子书包

大数据时代的到来对教育产生了巨大的冲击,大数据化的电子书包,为实施个性化教学提供了可能。

相比传统的书包,电子书包具有明显优势。[④] 其一,低碳环保,便于携带。使用电子书包,减少纸张的使用和木材的砍伐,保护环境。其二,具有网络、交互、多媒体等特性。利用电子书包能获得丰富的教学资源,开展丰富多样的教学活动,提高学生的主动性,促进师生和生生之间的交流互动,提高教学效果。其三,改变传统的课堂教学手段。电子书包的应用使得

① 王陆. 交互式电子白板与教学创新——从入门到精通 [M]. 北京:高等教育出版社,2009:04.
② 傅钢善. 现代教育技术 [M]. 北京:高等教育出版社,2015:98-99.
③ 王本陆. 课程与教学论(第3版)[M]. 北京:高等教育出版社,2017:194-195.
④ 刘倩楠,陈伟杰. 我国电子书包现状的分析研究 [J]. 中国电化教育,2013(12):57-60.

学习和教学可以不受时间和空间的限制，有利于教师因材施教，学生开展个性化学习。

 研习选题

　　以小组为单位，结合小学阶段的某一学科，利用网络搜集整理数节公开课的教学视频，总结归纳其使用的主要教学手段，并对这些教学手段的优势与不足展开分析研讨。

本章知识结构导图

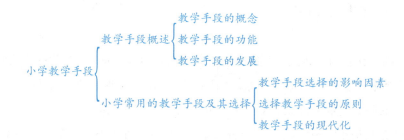

小学教学手段
- 教学手段概述
  - 教学手段的概念
  - 教学手段的功能
  - 教学手段的发展
- 小学常用的教学手段及其选择
  - 教学手段选择的影响因素
  - 选择教学手段的原则
  - 教学手段的现代化

历年真题

　　【2019年下】（材料分析）王老师在教授《海底世界》一课时，通过播放海底奇妙风光的视频，让学生在色、光、音的美妙组合下，对海底世界有整体的感知。通过播放课件，展示海面图景，启发学生理解"波涛澎湃"的含义；播放"海底听音器"，模拟海底声音，帮助学生理解"窃窃私语"的含义；通过鼓励学生在黑板上画出自己心目中的海底世界，深化学生对海洋知识的理解。

参考答案

　　问题：

（1）对材料中王老师使用教学媒体的情况进行评析。

（2）阐述在教学过程中选择教学媒体的依据。

知识点检测

1. 简述影响教学手段选择的主要因素。

2. 简述教学手段的主要功能。

3. 简述选择教学手段的主要原则。

参考答案

第八章

小学教学组织形式

学习目标

◆ 识记教学组织形式的含义，班级授课制的含义、特点；

◆ 了解教学组织形式的发展历史、现行教学组织形式的弊端；

◆ 理解教学组织形式的分类，现行教学组织形式的辅助形式和特殊形式，教学组织形式的发展趋势以及现代新型的几种教学组织形式；

◆ 能对班级授课制进行客观、公正的评价，能结合实际说明如何选择教学组织形式。

案例导入

图 8-1

图 8-2

请认真观察图 8-1 和图 8-2，图 8-1 是电视连续剧《末代皇帝》中教师陈宝琛给溥仪和溥杰上课的情形，图 8-2 是我国现代小学生的上课情形。

请思考：这两种上课的情形分别代表哪种教学组织形式？产生的原因是什么？各有什么优缺点？

第一节　教学组织形式概述

 一　教学组织形式的内涵

（一）教学组织形式的内涵

教学工作不仅需要运用各种教学方法，还要通过各种教学组织形式才能完成。关于教学组织形式的概念，国内外教育学和教学论对此有不同的表述。

苏联教学论学者斯卡特金编写的《中学教学论》认为："教学的组织形式就是由既定的作息制度和规章制度规定的师生之间的相互作用。"日本筑波大学学者的《现代教育学基础》认为，教学组织形式是"教学过程中学生和教师的'搭配'在一定程度定型化了的持续的模式"。南京师范大学学者编写的《教育学》认为："教学组织形式就是关于教学活动应怎样组织，教学的时间和空间应怎样有效地加以控制和利用的问题。"

我们认为，教学组织形式，是为实现一定的课程与教学目标，围绕一定的教育内容或学习经验，通过特定的时空安排及对各种教学因素的特殊组合，主要借助教师与学生之间的相互作用从而形成的方式、结构与程序。

（二）理解教学组织形式的内涵

在教学活动中，教师、学生、内容以及环境等多重因素之间存在着复杂的关系和结构，这些关系和结构的实现，必须借助于一定的组织形式，由此形成了教学组织形式的特定范畴。

1. 教学组织形式的构成要素

形式的形成往往是多种要素汇聚组合、相互作用的结果，教学组织形式也是如此。构成教学组织形式的要素有：

（1）教师和学生。教师和学生是教学活动的主体，他们之间的互动以及具体的互动形式决定了教学组织形式的实践样态。因此，教师和学生是教学组织形式构成的"人"的要素，这是最基本要素，也是实践样态的决定性影响因素。

（2）教学时间单位和教学空间单位。教学活动的开展不能置身于时空之外，教学活动的有序、有效开展总是需要将教学时间与教学空间切分为长短各有其时、大小各有其地的时间单位和空间单位，不同时间单位与不同空间单位的组合形成了各种教学组织形式的物质环境，也使教学组织形式体现了不同的活动面貌。其中，时间单位制约教学组织形式的外显环节与活动程序，空间单位制约教学组织形式的呈现方式与动态结构。因此，教学时间单位和教学空间单位也是教学组织形式的基本要素。

（3）其他各种教学要素。除了前述四种基本要素以外，教学方法、手段、工具等其他教学要素也对教学组织形式的形成产生影响。

2. 教学组织形式实践样态的形成机制：特殊的师生互动

师生互动是教学活动得以展开的内在机制，它需要借助多种多样的方式：或直接，或间接；或在班级中进行，或在小组内或个体间进行；或教师个体对学生群体，或教师个体对学生个体，或教师协作团体对学生群体。师生之间的这种作用方式是教学组织形式的实践样态，师生之间双方比例、互动形式、关系样态的不同，决定了教学组织形式的不同。

3. 教学组织形式物质环境的构成条件：特殊的时空安排

教学活动的开展，离不开一定的时间条件（或单位）和空间条件（或单位）。其中，课时是现代教学组织的基本时间条件，教室是现代教学组织的基本空间单位。时间条件与空间条件不是孤立存在的，它们分别与教学过程的其他因素紧密地联系在一起，并组合构成大的教学时空环境。不同的教学时间分配和不同的教学空间的有机组合，形成不同的时空环境。选择和确定一种特定的时空环境，在某种意义上也就确定和实施了一种特定的教学组织形式。

4. 教学组织形式教学功能的实现路径：教学因素的特殊组合

在一定意义上，教学之所以需要借助一定的教学组织形式，主要原因在于教学组织形式可以协调重组、优化配置教学过程各种因素及其功能，从而使这些因素及其功能在特定的时空条件、特定的师生互动方式中得以集中地、系统地、有效地发挥。一方面，教学过程诸因素的特殊组合，直接影响教学组织形式的呈现方式；另一方面，教学组织形式也要适应教学过程诸因素的不断发展和更新，这样才能使自身发挥出更大的教学效能。

二　教学组织形式的分类

根据不同的标准可以对教学组织形式进行不同的分类，通常我们根据教学单位的规模和师生交往互动的程度来划分教学组织形式。

（一）按照教学单位的规模分

1. 个别教学

所教授的学生只有一个或几个。

2. 小组教学

以小组为单位进行教学，学生人数在 5 人以上，15 人以下。

3. 班级授课：小班教学、大班教学、合班教学

以班级为单位进行教学，小班学生人数在 15 ~ 25 人；大班学生人数在 25 ~ 55 人；合班是由两个或以上班级合并上课，学生人数在 60 人以上。

（二）按师生交往程度分

1. 直接的教学组织形式

包括个别教学、小组教学、班级授课制等。在教学过程中，教师直接与学生面对面进行。

2. 间接的教学组织形式

包括个别学习、伙伴学习、合作学习、广播电视教学、计算机教学等。在教学过程中，教师没有直接与学生面对面进行，而是间接地对学生进行教学和指导。

（三）按照组织形式的核心要素分

教学组织形式的核心要素是人员、时间和空间三要素，按照这三要素各个侧重点不同，可分为：

1. 学生的组织

以学生的学习组织形式不同进行分类的，可分为个别教学、群体教学、班级教学、分组教学和开放教学。

2. 教师的组织

以教师在教学组织过程的作用和地位不同进行分类的，可分为包班制、科任制和小队教学。

3. 空间的组织

以教学活动组织实施的空间位置不同进行分类的，可分为课堂教学、课外活动和现场教学。

4. 时间的组织

以教学活动组织实施的时间长短不同进行分类的，可分为学年、学时和课时教学。

（四）根据其他标准划分

1. 固定课时制和灵活课时制

以教学活动的时间是固定的还是灵活变动的不同进行分类。

2. 年级制、不分年级制和弹性升级制

以教学组织实施的学生学习水平的差异进行分类。

3. 单式教学、复式教学

以教学活动之间是相继还是同步进行分类。

4. 包班制、分科科任制、小队协同制

以教师在教学组织实施过程中的作用不同进行分类。

5. 课堂教学、课外教学

以教学组织实施时所处的空间位置不同进行分类。

第二节　小学常见的教学组织形式

一　小学教学组织形式的发展

教学的组织形式不是一成不变的，它随着历史的发展而变化。人类教学组织形式的发展经历了从个别教学到班级授课，再回归到个别教学的历史过程。

（一）古代学校的教学组织形式

1. 个别教学

个别教学制是指教师对每个学生分别进行知识、技能传授和指导的教学组织形式。

人类最初的教育活动一方面是在生产劳动和社会生活中由儿童对成人的模仿进行的，另一方面也靠成人逐个向儿童传授知识、技能进行的。学校出现以后，教学从生产劳动和社会生活中分离出来，成为一种专门组织的知识授受活动。由于多方面的原因，当时所采用的是个别教学。我国商周至隋唐时期的各级官学和私学，古希腊、古罗马时代的各类学校以及欧洲中世纪的教会学校和宫廷教育等，均采用个别教学。在古代社会，由于生产力水平低下，科学技术落后，导致了能够从事学校教育工作的教师的人数和接受学校教育的学生的人数都是非常有限的。因此，个别教学制得以实行和长期存在。由于学生的数量少，年龄层次和知识水平悬殊，教师只能根据不同的学生的水平分别施教，学生没有固定的入学、毕业时间，可以随时入学，也可以随时结业。个别教学制基本适应了古代社会生产和发展的需要。个别教学的缺点是难以系统化、程序化、制度化，计划性不强，因而效率不高。但个别教学作为一种教学组织形式，其显著优点是教师能够根据每个学生的特点进行教学，使教学适应每个学生的能力和要求。

2. 集体教学的萌芽

欧洲中世纪末期，资本主义工商业日益发展，客观上要求教育教学培养大量合格的劳动者和熟练工人，而采用个别教学制所培养的人才远远不能满足社会发展的需要。这就要求扩大受教育的对象，对个别教学进展慢、效率低的状况进行改革，由此集体教学的萌芽形式——班组教学产生了。

　　班组教学是个别教学制和班级授课制之间的一种过渡的教学组织形式，它是把相同、相近水平和层次的学生组织在一起，由一个或几个教师面向学生集体进行知识、技能的传授和学术宣讲的一种教学组织形式。欧洲中世纪的教育及我国宋、元、明、清时期的书院和各类官学的教学情况都属于这种教学组织形式。正是这种组织才构成了以后班级授课制产生的基础。其特点是：

　　（1）教师面对的不再是一两名学生，而是一组（几十名）学生。

　　（2）不再是一个教师给一两名学生教授所有的教学内容，而是由一个教师主讲，若干名教师辅助讲授。如我国的书院教学是由"教授""直讲""助教"共同进行的。

　　（3）主要由教师给学生讲授、指导，同时也由学生共同进行某些学习活动，如共同朗读、相互讨论等。

　　（4）学生在年龄、程度、修业年限及学习进度上参差不齐，但修业的顺序却有一定的计划和安排。

（二）近现代的教学组织形式

1. 班级授课制

　　16世纪末，资本主义工商业的发展和科学技术的进步，要求扩大教学规模、增加教学内容、改革教学的组织形式，以提高教学效率，培养各方面的人才。在这种情况下，西欧有些国家出现了按班级编制进行课堂教学的形式。17世纪捷克教育家夸美纽斯在其《大教学论》中提出了班级授课制。班级授课制就是把一定数量的学生按年龄和知识程度编成固定的班级，根据周课表和作息时间表安排教师有计划地向全班学生集体进行教学的制度。19世纪德国教育家赫尔巴特提出了教学过程阶段论，使班级教学过程的设计与实施走向操作化。20世纪苏联教学理论家凯洛夫提出了课的类型与结构的概念，使班级授课制进一步得到完善。在我国，班级授课制最早在1862年的京师同文馆采用，并在1903年的癸卯学制中以法令的形式被确定下来，随后在全国范围内得到推广。

2. 贝尔-兰卡斯特制

　　贝尔-兰卡斯特制（Bell-Lancaster system），亦称"导生制""相互教学制度"，是英国教会牧师贝尔和公谊会教徒兰卡斯特分别创立的一种教学组织形式。1791年，贝尔在印度马德拉斯的兵士孤儿学校采取一种选择年长学生帮助教师教其他学生的教学方法，称"马德拉斯制"。1796年，他回英国后出版了《一个教育实验》的小册子，介绍其思想和方法。1798年，兰卡斯特在伦敦的巴勒路自办一所学校，因学生人数过多，又为经济所限而无力聘教员，便设想先教一些年长而成绩好的学生，再由他们去教其他学生。

　　他从贝尔的小册子中吸取一些观点，于1803年出版《教育改进论》，宣传其"导生制"，引起英国社会公众的注意。在导生制学校中，一个教师在导生的帮助下可教数百名学生，花费少，招生多，被誉为"廉价的教育制度"，解决了缺乏教师和教育经费的困难，有助于初等教育的发展，故立刻受到广泛欢迎。但是导生制存在将教学变成呆板、机械的训练等缺点，教学质量不高，1840 年后被正规的初等学校教学制度所取代。

3. 道尔顿制

道尔顿制（Daltonplan），亦译"道尔顿计划"，是美国教育家帕克赫斯特 20 世纪初在道尔顿中学创行的一种个别化教学形式。其原则主要有两条：一是自由，即学生在身心方面都能自己计划自己的事情，自己克制自己的活动，以此培养学生自我教育的能力；二是合作，即打破班级界限，强调团体活动中的合作和交互作用，以使学生在民主合作的氛围中得到发展。

道尔顿制要求教师不再通过上课向学生系统讲授教材，而只为学生指定自学参考书、布置作业，由学生自学和独立作业，有疑难时才请老师辅导，学生完成一定阶段的学习任务后，再向老师汇报学习情况和接受考查。

该理念形成初期，在弥补班级教学制度的不足、发展学生个性、培养学生独立工作的能力等方面有一定的积极作用，并对程序教学、个别指导教育等曾发生过影响；但它偏重学习学科知识，过分强调个性差异，忽视了班集体作用以及德育，在推行时往往造成了教学上的放任自流。

4. 设计教学法

设计教学法也叫单元教学法，它是美国教育家克伯屈于 1918 年创立的一种教学组织形式，是一种全面彻底地改革班级授课制的教学组织形式。

设计教学法的理论基础为杜威的"从做中学"实用主义教学论。教学过程基本上属于活动学习模式，在课程论方面属于活动课程论。设计教学法要求废除传统的班级授课制，摒弃教科书，不受学科限制，由儿童根据自己的兴趣决定学习内容，并据此组成小学习单元，在自己设计、自己负责的单元活动中获得知识和解决实际问题的能力。它强调教师的任务在于利用环境以引发学生的学习动机，帮助学生选择活动所需要的教材。

设计教学法的特点：设计教学法不仅活泼，而且会有许多有创意的学习活动从中产生。设计教学是有目的的学习活动，学生在有明确的目的及强烈的意愿中学习，必然能提高他们参与学习的热情。当一个设想由学生自己去思考、去拟订计划时，更能训练他们的思考、组织和搜集资料的能力。

设计教学法对激发和强化学生的学习动机，克服班级授课制的不足等有积极作用，特别有助于发挥学生的主动性、积极性，有助于学生学习能力的培养。其缺点是这种教学组织形式过于强调学生的直接经验，忽视系统知识的构建。

5. 文纳特卡制

文纳特卡制是指美国进步教育运动中出现的一种教学制度，由教育家华虚朋提出，1919

年起，在伊利诺斯州文纳特卡镇公立学校进行实验。文纳特卡制将课程分为两部分：（1）指定作业。为适应未来生活的需要，作业是所有学生均需掌握的"共同的知识或技能"（包括读、写、算等）。教学按学科进行，以学生自学为主，适当进行个别辅导；要求每个学生按自己的能力和可能的进度拟订学习计划，并在学习簿上记录进展情况；最后以考试形式检验学生学习结果，并由学生自己根据考试成绩决定下一步学习方向。（2）团体活动与创造性活动。由文化的和创造性的经验组成，分小组活动或施教，目的是发展儿童的社会意识。通过手工劳动、音乐、艺术、运动、集会以及商业、编辑、出版等团体活动随机进行，无一定程序，亦不考试。

文纳特卡制的特点：

第一，有具体的学习目标和内容，对每个单元都有非常细致的规定和自学教材。

第二，应用各种诊断法测验检查学生每个单元的学习情况。在测验之前，先进行练习，由学生自行练习、自行改错，直到做对为止。

第三，通过自学及诊断测验后，方可学习下一单元的教学内容。

第四，教师经常深入学生中间，因人、因时、因事而进行个别指导。

6. 分组教学

班级授课制不易照顾学生个别差异，为解决这一弊端，19 世纪末 20 世纪初，在西方出现了一种新的教学组织形式——分组教学制。分组教学制就是按学生的能力或学习成绩把他们分为水平不同的组进行教学。分组教学也是集体教学的一种形式，包括能力分组、作业分组、外部分组、内部分组等。外部分组是在一所学校内按学生智力或学习成绩分成年限长短不一、教学内容相同的教学组织；内部分组是在同一个班级内根据学生学习成绩的变化，分成教学内容深浅不同或学习进度各异的小组。分组教学增强了教学的层次性、针对性和实用性，便于根据学生的学习能力或水平差异组织教学，因材施教，有利于适应不同层次学生的学习准备和学习要求。其弊端在于，不同水平学生间的相互交流难以达成，能力强的学生和能力差的学生之间缺少预期的对话及效果。

7. 特朗普制

特朗普制，又称"灵活的课程表"，是指 20 世纪后半叶在美国一些实验中学进行实验的一种教学组织形式，由美国教育家劳伊德·特朗普在 20 世纪 50 年代创立。它把大班上课、小组讨论、个人自学结合在一起，试图兼容班级授课、分组教学与个别教学的优点。首先进行大班集体教学，由优秀教师采用现代化教学手段给几个平行班统一上课；然后开展小组上课，研究讨论大班课上的教学材料，由 15~20 人组成一个小组；最后由学生个人独立自学、研习、作业。在教学时间上，它以灵活的时间单位代替固定统一的上课时间，具体分配比例为：大班上课占 40%，小组研究占 20%，个人自学占 40%。

这种教学组织形式有利于培养学生的思维能力、自学能力、合作能力，也便于充分发挥优秀师资的力量，提高教学的效率和质量。

8. 开放教学

开放教学又称开放课堂，是一种不分班级的学校教学（育）形式。一般做法是：学校将全校学生集中于一个大教室、大厅中，不按能力、年级分组，允许学生在教室的几个"兴趣区"里按各自的兴趣和需要采用不同学习速度、不同学习方式学习不同内容。教师的任务在于创造一种令儿童喜爱的环境并做学习上的引导、建议、鼓励和帮助。在这种教学组织形式中，教师不再按照教材分科组织教学、传授知识，而是注重为学生创造学习环境，由学生根据自己的兴趣在教室或其他场所自由活动或学习。

开放教学以知识教学为载体，把关注人的发展作为首要目标，通过创造一个有利于学生自主的教学环境，提供给学生充分发展的空间，从而促使学生在积极主动的探索过程中，各方面素质得到全面发展。可以说开放式教学不仅是一种教学方法、教学模式，它更是一种教学理念，它的核心是以学生的发展为本。

9. 协同教学

协同教学是 20 世纪 50 年代后期和 60 年代早期在美国流行的一种教学组织形式，也称为"分化教学人员"，是由具有互补性教学技能的两个或两个以上的教师形成灵活的小组，针对学生个体的学习需要，通过教师与教师之间的协作来规划并实施一个组的教学。显然，协同教学是着眼于师资及教学需要来进行教师职能分配并开展教师之间教学协作的一种组织形式，它更多地倾向于赋予教师专业自主权。它的根本目的在于使每个教师能更充分地发挥自己的专业特长，以最终实现有效教学。

教学组织形式，总的来说可划分为个别化教学、集体教学、综合教学三类。其中，设计教学法、道尔顿制、文纳特卡制、开放教学基本可以划分为个别化教学一类；班级授课、分组教学、贝尔-兰卡斯特制可划分为集体教学一类；特朗普制则是属于综合教学类。而协同教学则是着眼于教师资源组合的教学组织形式。

二　小学现行常见的教学组织形式

（一）现代教学的基本组织形式——班级授课制

1. 班级授课制的含义

班级授课制，是现代学校教育教学的基本组织形式。所谓班级授课制，就是将学生按年龄和程度编成班级，教师根据规定的课程、教学进度、教学时间表，对学生进行集体教学的一种组织形式。班级授课制也叫课堂教学。

2. 班级授课制的特点

班级授课制的特征主要包括三个方面，有人用班、课、时三个字来概括。

（1）班。把学生按照年龄和知识水平分别编成固定的班级，即同一个教学班学生的年龄和程度大致相同，并且人数固定，教师同时对整个班集体进行同样内容的教学。即学生固定，教师固定。

（2）课。把教学内容以及实现这种内容的教学手段、教学方法展开的教学活动，按学科和学年分成许多小的部分，分量不大，大致平衡，彼此连续而又相对完整。这每一小部分内容和教学活动，就叫作一"课"，一课接着一课地进行教学，即教学内容固定。

（3）时。把每一"课"规定在统一的单位时间里进行。单位时间可以是 50 分钟、45 分钟或 30 分钟，但都是统一的和固定的。课与课之间有一定的间歇和休息，即教学时间固定。

3. 班级授课制的评价

（1）班级授课制的优越性

第一，有利于提高教学效率。班级按年龄、知识程度编排，由教师根据统一的教材对全班进行教学，各学科均按照一定的教学时间表有计划地、轮流交替地进行，因此，无论从时间还是空间来看，它都是使学生在较短的时间内能系统地学习人类丰富的知识体系的一种比较经济有效的形式。

第二，有利于发挥教师的主导作用。在课堂教学中，教师有目的、有计划、有组织地面对全班同学进行教学，它保证了在整个教学中，每个学生的学习都自始至终在教师的直接指导下进行。

第三，有利于发挥学生集体的作用。班级授课制是分班进行集体教学的一种组织形式，由于班级学生的学习内容相同、发展程度相近，班级成员彼此之间在学习上、思想上遇到困难和问题时，有利于开展讨论，相互促进，共同提高。

第四，有利于学生多方面的发展。在课堂教学中，由具有专业知识的教师进行讲授，对学生进行德、智、体、美、劳全面发展的教育，通过系统的知识学习，促进学生身心得到全面发展。

（2）班级授课制的局限性

第一，不利于学生主体性的发挥，学生比较多的是接受教师所传授的现成知识。

第二，为学生提供的实践性学习、探索性学习的机会比较缺乏，不利于培养学生的探索精神、创新能力和实践能力。

第三，不能很好地适应教学内容和教学方法等要素的多样化，形式比较固定化，缺少灵活性。

第四，强调统一性，难以适应学生的个别差异，不利于因材施教。

第五，每个学生实际上分别对教师负责，彼此之间缺乏分工与合作，因此学生间的互相交流和启发难以保证。

4. 班级授课制的具体形式

在教学实践中，班级授课制的具体形式大致有三种：一是全班教学，二是班内分小组教学，三是班内个别教学。

（1）全班教学。这是学校教学中最基本的组织形式。这种形式的特点是把学生按年龄和学业程度编成固定人数的教学班，全班学生按照统一的课程表共同接受同一位教师指导。在这种形式下，教师同时向全班学生施教，又使学生所有的反应再反馈给教师。它采取的是同步学习的方式，即所有学生每次的学习内容、学习进度和采用的教学行为都是一样的。

（2）班内小组教学。班内小组教学，是指根据教学和学习的各种需要，把全班分为若干个小组，由教师规定共同的学习任务并由学生分组学习的班级授课制形式。它是在全班上课的基础上开展小组学习活动，班级依然保留，教师的主导作用、教学的计划性和系统性在班级分组教学中依然适用。小组不是永久性的，而是临时性的，主要是为具体教学活动而组建的，可以是学科小组，也可以是活动小组。各小组的人员也是不固定的，小组规模的大小要视学生的发展阶段、班级人数、学科的不同、所布置的课题和作业类型及其量的不同具体而定。

（3）班内个别教学。采用班内个别教学，教师可以因人而异地给学生布置学习任务，并花一定的时间以一对一的形式给学生辅导。其特点是：在全班上课的基础上主要面向班上学习落后的学生或学习速度快的学生；教师给学生布置的学习任务以及教师进行的辅导必须以该生的学习准备、学习难点和性格特点为依据；教师的作用主要在于指导和帮助学生自学和独立钻研。

（二）现代教学的辅助组织形式

1. 个别辅导

（1）个别辅导的含义

个别辅导，又称个别教学，是指在课堂教学的基础上教师针对不同学生的情况进行个别辅导的教学组织形式。个别辅导一般是，学生在已有的学习经验的基础上，通过复习、预习和对自己感兴趣的问题进行深入学习，发现自己仍有不明白的问题时向老师请教，然后教师根据学生的具体情况进行个别辅导。

个别辅导主要是通过个别答疑、对个别学生的课外作业和课外阅读进行指导等方式来进行的。它既可以在课内实施，也可以在课外进行。

（2）个别辅导的分类

个别辅导根据其内容的不同可以分为两大类：一是对教材的复习和预习中发现的问题的辅导，目的是让学生打下坚实的基础；二是对学科内容中的疑难问题的辅导，目的是拓宽学生的视野，发展学生的思维。

（3）在进行个别辅导时，应注意几个问题

第一，个别辅导一般是个别进行的，教师要了解每个学生的学习情况，以便有效地进行指导。

第二，个别辅导是以学生自己的独立学习为基础的，学生自己发现问题，在自己独立完成有困难的情况下，才求助于教师。

第三，在个别辅导的过程中，不仅要对学生的知识、技能问题给予帮助，而且要指导他们学会正确的学习方法和思考方法。

第四，平等地对待学生，个别辅导可以有针对性，但对学生提出的问题应尽量予以回答，不要有所偏向。

现在，个别辅导教学的作用日益加强。首先可以弥补班级授课制的缺陷，促进个体的充分发展。班级授课制的内容、时间、进程较为统一，每个学生的学习是有其特殊性的，个别指导可以针对个别学生，使个体得到充分发展。其次，个别辅导可以提高学生学习的积极性、主动性。教师对学生进行个别指导，教师的注意力集中于个别学生，学生在受到教师重视、关心的情况下，学习的积极性和主动性会大为增加。

2. 分组教学

（1）分组教学的含义

分组教学是在班级授课制背景下的一种教学方式，即在承认课堂教学为基本教学组织形式的前提下，教师以学生学习小组为重要的教学组织手段，通过指导小组成员展开合作，形成"组内成员合作，组间成员竞争"的教学模式，发挥群体的积极功能，提高个体的学习动力和能力，达到完成特定的教学任务的目的。

（2）分组教学的分类

分组教学是集体教学的一种，一般可以分为外部分组和内部分组。

外部分组是指打乱传统的按年龄编班的做法，按学生的能力或学习成绩编组。外部分组主要有两种形式：学科能力分组和跨学科能力分组。

内部分组是指在传统的按年龄编班的班级内，按学生的能力或学习成绩等编组。内部分组也有两种：一种是不同学习内容和不同学习目标的分组，另一种是学习目标和学习内容相同而采取不同方法和媒介的分组。

（3）分组教学的优点

第一，有利于因材施教。分组教学根据学生的不同能力水平，甚至不同的兴趣分成几个小组，对不同的组提出不同的要求，采用不同的教学方法进行教学，能适应学生的能力和要求，照顾了学生的差异。

第二，有利于"英才教育"。班级授课，教师组织教学时更多的是面向中等学生，优生常因为感到"吃不饱"和太容易而厌倦学习。分组教学能较好照顾尖子学生的特点，满足其强烈的求知欲和需要，有利于英才的培养。

第三，有利于教师组织教学，提高教学质量。

（4）分组教学的缺点

第一，很难科学地鉴别学生的能力和水平。

第二，在对待分组教学上，学生、家长和教师的意愿常常与学校的要求相矛盾。

第三，分组后造成的副作用很大，往往使快班学生容易骄傲，使普通班、慢班学生的学习积极性普遍降低。

3. 现场教学

（1）现场教学的含义

现场教学是教师组织学生到生产现场或其他现场（纪念馆、博物馆、风景区等等）进行教学的组织形式。这种教学能够让学生置身于自然情境或者社会生产、生活情境中，一方面可以拓宽学生的知识视野，获得全新的生活经历，另一方面可以化抽象的书本知识为形象的现场展示，有利于学生进一步理解和运用书本知识。

（2）现场教学的分类

根据现场教学的目的和任务，可以将现场教学分为两大类：一种是根据学习某学科知识的需要组织学生到有关现场进行教学；另一种是学生为了从事某种实践活动，需要到现场学习有关的知识和技能。

（3）实施现场教学，应该注意如下几点：

第一，应注意找准现场教学和课堂教学的关节点。脱离课堂教学，另行一套现场教学，很容易造成教学内容上的脱节，更容易打乱正规的教学管理秩序，这对学生进一步掌握和运用知识、经验是不利的。

第二，应事前做好充分的统筹规划。例如参与活动的教学班、教学场地、现场教学人员、书本既有相关知识和经验、注意事项、安全措施等等，都要精密安排。

第三，应注意调控现场教学秩序。现场教学不宜过多过频，在活动的时间上也要根据教学之需精打细算，毕竟它只是课堂教学的一种辅助形式。

第四，及时总结。现场教学要在必要和适当的时候及时进行总结，这不仅可以为教师组织现场教学积累经验，还可以使学生对现场感受到的知识进一步系统化，便于学生交流、分享体验和收获，学会现场学习。

（三）现代教学的特殊组织形式——复式教学

1. 复式教学的含义

复式教学是指把两个或两个以上年级的学生编成一班，由一位教师用不同的教材，在同一节课里对不同年级的学生进行教学的组织形式。教师给一个年级讲课，让其他年级学生做作业或复习，并有计划地交替进行，它是班级授课制的一种特殊的组织形式。它适用于同级学生人数少、教师少、校舍和教学设备紧缺的农村地区、偏僻山区、少数民族地区。

2. 复式教学的主要特点

第一，课堂结构的多头性

复式班在同一间教室、同一个课时内安排两个或两个以上的年级，由同一位教师执教，并要完成各年级与其平行年级单式班同样的教学任务，达到同样课程标准的要求。这是复式班与单式班教学的根本区别，也是复式班最鲜明的特点。

第二，教学、教育任务的多样性

复式班教学组织的特殊性，也造成了在同一时间内教师教学任务的多样性。

第三，学生动静学习状态的共时性

复式班的教学由于在一间教室、一个课时内由一位教师执教，就形成了不同年级的学生在同一间教室里、同一个时段内动静两种不同的学习状态。

第四，教学过程的交互性

复式班的教学过程是在同一时间、同一空间里安排两个或两个以上的教学过程，并且还要让两个过程融为一体，不仅不能互相干扰和互相影响，还要互相照顾和促进。

3. 复式教学的编班、座次编排及课表安排

（1）复式班的编班以尽可能地减少各年级之间的相互干扰为一般原则。具体编班的形式有：单班学校制和二级或三级复式制。单班学校制是把几个年级的学生全部编在一个班里。二级或三级复式制是把两个年级或三个年级的学生编在一个班里。

（2）复式班的座次编排一般是左右划片分别安排不同的年级。如果是单班学校，一般把低年级学生排在中间，便于教师照顾。为了相对地增加直接教学的时间，适当地减少教师在教学中难于分身的困难，可以培养品德和学习较好的学生当小助手，协助教师做一些力所能及的工作。

（3）复式教学的日课表的编制以"同堂异科"编排为好，一般是把教学时间长的学科与便于安排作业的学科相互搭配在一起。

第三节 小学教学组织形式的改革与发展

一 现行教学组织形式的弊端

现行的教学组织形式是以班级授课制为主，个别教学、分组教学和现场教学为辅的，这些教学组织形式有利于提高教学效率，有利于发挥教师的主导作用和学生集体的教育作用。虽然这些教学组织形式具有无可比拟的优点，但在长期教学实践中表现出了难以克服的缺点，如不利于照顾学生的个体差异，不利于培养学生的探索精神和创造能力以及实际操作能力。具体表现在以下三个方面。

（一）班级规模过大

过去，在社会本位教育观或学科本位教育观的影响下，以较大班级规模、一师多生地开展教学活动，曾一度被认为是一种既节约教育资源又可高效地实现人才培养目标的有效办法，但在这种教学状态下，除了少数优秀生得到了教师的"偏爱"以外，大多数学生的个体需求和发展状态往往被忽视了，教学质量与效益也因此打了折扣。班级规模是影响课堂教学效果的重要变量之一，一般而言，这种影响主要体现在两个方面：一是人际关系。过大的班级规模，在一定程度上限制了师生交往和学生参与课堂，阻碍了课堂教学的个别化发展，也有可能导致较多的纪律问题。二是学业成绩。就教师的角度而言，班级规模大，便于教师在单位时间内快速高效地面向集体传授知识，但相对而言，却很容易导致教师忽视大多数学生的个体差异，而只重视少数尖子生；就学生的角度而言，班级规模大时，很多学生受到空间位置、人员密度、发言机会的限制，极少有机会参与课堂教学。

（二）时空结构不合理

班级授课制在时间结构上是僵化的，在我国中小学，每一节课上课时间是固定不变的，小学每节课 40 分钟，初高中每节课 45 分钟。这种不问学生年龄特征、教学内容有差异、教学方法不同而固定上课时间的做法，是不符合学生的学习规律和教学实际的。

在我国，中小学传统的课堂座位排列形式是秧田式的，这是座位排列的传统形式，即讲台、黑板在前，表明了教师在课堂教学中的常在位置；学生座位排列成直行，类似于"秧田"，每行每列都面向教师，面向前方。在这种座位排列中，教师是课堂教学的中心，是学生注意力集中的聚焦点，教师与学生群体之间往往以教学信息的单向传授为主要沟通途径，在教学过程中不利于教师关注学生个体的具体学习情况，在规模较大的班级里，坐在后排及教室四角的学生很容易被教师忽视，很容易产生被教师和其他学生孤立、遗弃的感觉。

（三）多种教学组织形式有机结合度不高

由于各个国家和地区的文化背景不同，生产力发展水平不同，教育发展程度存在差异，未来的教学组织形式必然呈现多元化的态势。班级授课制、分组教学、个别教学、现场教学以及复式教学等等，都有其适用的范围和生长的土壤。任何一种教学组织形式既有优点，也有缺点，世界上不存在一种万能的教学组织形式，每一种教学组织形式都有特定的目标指向和适用范围。因此，这就要求教学组织形式必须呈现多样化、综合化、丰富化。

当前，我们的教学组织形式多样化、综合性不高，具体表现在：班级授课与个别教学、分组教学的有机结合不高，课堂教学与课外教学的有机结合不够，传统的教学形式与多媒体教学有机结合不强，这些都严重影响了教学质量，必须进行改革。

二　小学教学组织形式改革的基本趋势

教学组织形式改革是现代教学改革的重要课题之一，科学的教学组织形式不仅有利于提高教学质量，还有利于发挥师生的积极性，提高教学效率。自 19 世纪末以来，人们针对班级授课制的弊端，在全世界范围内广泛开展了教学组织形式的改革和探索，一方面改进、完善了班级授课制这一基本的教学组织形式，使其更加适应现代中小学教学发展的要求；另一方面又探索、创造了大量新的教学组织形式，作为班级授课制的有益的、重要的补充，使教学组织形式跨入了多样综合、丰富发展的新时代。

（一）班级规模由大趋小——教学单位的合理化

人们通常把学生人数在 24~34 人的班叫作小班，把人数在 35 人以上的班叫作大班。当前，由于受到条件的限制，学校里大班普遍存在。教学实践证明，小班的学生成绩明显优于大班的，即小班教学效果比大班的好，班级越小，教学效果越好。而过大的班级规模，限制了师生交往和学生参与课堂活动的机会，阻碍了课堂教学的个别化发展，导致较多的纪律问题产生，从而间接地影响了学生学习成绩与教学的最终效果。针对这种情况，就产生了班级规模小型化的要求。

班级规模与学业成绩的关系①

国内外很多学者对班级规模进行了研究。在美国，1978 年，史密斯和格拉斯等人先后发表了两份对班级规模与成绩关系实验研究的元分析的报告。他们发现所有年级的小班都与较高的成绩有关。尤其当学生在小班学习的时间超过 100 个小时，并且学生的任务受到细心管理时，成绩更好。他们发现，当班级规模缩小到 20 人以下时，这些主要的好处都发生了。在他们的第二份研究中，他们得出的结论表明，小班在学生的反应、教师士气和教学环境质量方面有优势。

适当缩小班级规模，以解决因班级规模过大带来的诸多问题，已经成为当今世界各国的努力方向。以美国为例，自从 20 世纪 80 年代以来，美国部分州就开展了"小班化实验"。至 1999 年，联邦政府正式启动"缩小班级规模计划"，明确规定要减小班级规模，将各年级的班级学生人数从每班平均 23 人减少至 18 人，重点是小学 1—3 年级：一年级减少到 17 人，二年级不超过 18 人，三年级减少为 18 人左右。就我国的教育现状而言，小学班级规模过大已经成了一个突出的问题。特别是一些城镇重点小学，班级规模更大，远远超过了我国学校管理规程中规定的每班 45 人的标准，而且还有上升趋势。针对这种情况，2016 年教育部出台了《教育部办公厅关于做好消除大班额专项规划有关工作的通知》（教基一厅〔2016〕4 号），提出了实施消除大班额计划，制订消除大班额的工作方案，明确消除大班额的总体目标、分步推进细化目标和完成期限。在坚持问题导向、标本兼治、城乡一体原则的指导下，在统筹城乡义务教育学校布局规划、建设管理、师资配置、质量提升等方面提出了切实可行的消除大班额工作措施。在这种情况下，我国北京、上海等地区正在积极进行"小班化教育"的实验，实验的重点是减少班级人数，贯彻因材施教原则，增加师生交往比率，营造和谐课堂环境和气氛，提高课堂效率。北京实验班控制在 20~30 人，上海实验班控制在 25~30 人。

（二）座位排列的丰富多样——教学交往的强化和深化

座位排列形式和学生座位位置对学生的学习态度、教学活动参与度、学业成绩等都会产生一定影响，同时，也制约着教师与学生之间、学生与学生之间的交往范围、互动形式、人际互动效果，并对信息交流的方式、范围、效果产生重要影响。座位排列形式在一定程度上反映了人们的课程与教学观。长期以来，传统的座位排列方式一直采取"秧田式"；近年来，随着教

---

① 金传宝．美国关于班级规模的实验与研究［J］．比较教育研究，2004（1）：54．

学交往诉求的不断增加，教学交往正由理论走向实践，逐步得到显化、强化与深化，各种座位排列形式也随之越来越多地应用到课堂教学实践中来。

1."秧田式"座位排列

这种形式有助于教师管理和控制课堂，也有助于减少学生与学生之间的行为干扰，但不利于教师关注学生个体的具体学习情况。

2. 圆形座位排列

具体形式有教师置于圆内形、教师置于圆外形、半圆形、同心圆形等，要求班级规模为20~25名学生。在空间特性上，这种座位排列使教师与学生之间尤其是学生与学生之间不再有主次之分，有利于建构平等、和谐、有序的师生关系，有助于师生之间、生生之间的互动与对话，能够有效促进教学交往，适合于各种课堂讨论或相互学习。

3. 马蹄形座位排列

要求班级规模一般不超过25名学生，也称"U"形座位排列；如果超过25人，那么可以采用双马蹄形。在这种排列中，学生之间可以互相看到，学生也可以看到老师；便于教师主讲，也便于教师与学生之间互相倾听彼此的发言，教师与学生之间的非语言交流进行起来也清晰、简便，可以使更多的学生参与到课堂教学中来。

4. 弧形座位排列

每排呈弧形，最前排可以坐2~3名主要参与活动的学生，而其他排学生很容易将自己的注意力集中在这些同学身上。在弧形的对面，可以坐主讲教师，也可以对坐数个矩形座位排列的学生小组，这些学生小组是活动的主要参与者，相对而言，弧形座位里面的同学更多地扮演观众或"亲友团"的角色，当然也可以随时参与到活动中来。

5. 模块形座位排列

这种排列适合于小组活动或个别学习。这种座位排列使每个学生几乎都有自己的活动空间，座位与座位之间存在着便于走动的过道，学生行动起来很方便又不至于互相干扰。

（三）多种教学组织形式有机结合——教学组织形式的综合化

当代，由于知识量的急剧增加以及社会生产对人才高层次规格的需求，教学重点已由传授知识为主转向发展智力、培养能力为主，从发展标准化的共性转向发展多样化的个性为主。单一的班级授课制已经不能满足培养新型人才的需要，于是，教学理论就如何博采众长以最大限度促进每个学生的发展上相继提出了不同的见解，进行着不同方式的改革尝试。教学组织形式的改革与尝试主要有这么两类：一类是使整个教学过程个别化，主张用自学辅导以及借助现代教学技术的程序教学、计算机辅助教学等新的教学组织形式来代替班级授课制；另一类是以班级授课制为基础，吸收其他教学组织形式的优点，实现多种教学组织形式的综合运用。集体授课与个别教学、分组教学相结合，校内班级授课制与校外现场教学相结合，传统的教学形式与多媒体教学相结合，已经成为目前发达国家班级授课制的特点。

（四）教学组织形式的时空变化——时空约束力弱化

当代社会越来越要求学习者加快学习的步伐，扩大学习的容量，培养学会学习的能力。传统的以语言、教科书、黑板和粉笔等教学手段为基础的班级授课制远远赶不上信息时代的步伐。更有甚者，科技的发展，使新的技术成果不断运用到教学领域。20世纪90年代以来，电化教学正向着自动化、微型化、综合化和系列化的方向发展。电子声像技术的长足进步，实现了教学时间和远距离教学的随时性。借助现代信息传播手段和多样化的信息载体，在个别教学的基础上把不同地域的学习者在同一目标上结合成为一个集体，使教学组织形式大大突破了时空的限制。iPad、电子书包、微视频、云课程的融入也促进了教学组织形式空间的拓展和延伸。换言之，教学组织形式的时空制约性越来越小。

三　几种新型的教学组织形式

随着科学技术迅猛发展和信息时代的到来，课堂教学中出现了许多新型的教学组织形式，这既是对过去教学组织形式的丰富和发展，也是一种创新。现将几种主要的新型的教学组织形式作简单的介绍。

（一）微课

1. 微课的含义

微课是指按照课程标准（教学大纲）及教学实践的要求，以视频为主要载体，记录教师在课堂内外教育教学过程中，围绕某个知识点（重点、难点、疑点）或教学环节而开展的教学活动全过程。

2. 微课与翻转课堂的关系

微课（微课程），是从翻转课堂中涌现出来的新概念，在美国，人们将翻转课堂教学中供学生自主学习的教师授课的微视频称为微课程。但微课与翻转课堂也是有区别的：翻转课堂不仅仅局限于课前的微视频学习，还有其他教学环节。微课也不仅在课前学习使用，在课堂教学中，对于一些重点、难点的知识，也可以采用微课形式；在课后，对于有学习困难、家长辅导孩子、学生课后复习、缺课时补课和异地学习都可以使用微课。

3. 微课的主要特点

（1）教学时间较短。教学视频是微课的核心组成内容，根据中小学生的认知特点和学习规律，微课的时长一般为5~8分钟，最长不宜超过10分钟。因此，相对于传统的40或45分钟一节课的教学课例来说，微课可以称之为课例片段或微课例。

（2）教学内容较少。相对于较宽泛的传统课堂，微课问题聚集，主题突出，更适合教师的需要。微课主要是为了突出课堂教学中某个学科知识点的教学，或是反映课堂中某个教学环节、教学主题的教与学的活动，相对于传统一节课要完成的复杂众多的教学内容，微课的内容更加精简，因此又可以称为微课堂。

（3）资源容量较小。从大小上来说，微课视频及配套辅助资源的总容量一般在几十兆左右，视频格式须是支持网络在线播放的流媒体格式，师生可流畅地在线观摩课例，查看教案、课件等辅助资源；也可灵活方便地将其下载保存到终端设备上实现移动学习、泛在学习，非常适合于教师的观摩、评课、反思和研究。

（4）资源组成结构构成情景化，资源使用方便。微课选取的教学内容一般要求主题突出、指向明确、相对完整。它以教学视频片段为主线统筹教学设计、课堂教学时使用到的多媒体素材和课件、教师课后的教学反思、学生的反馈意见及学科专家的文字点评等相关教学资源，构成了一个主题鲜明、类型多样、结构紧凑的主题单元资源包，营造了一个真实的微教学资源环境。这使得微课资源具有视频教学案例的特征。

（5）主题突出、内容具体。一个课程就一个主题，或者说一个课程一个事；研究的问题来源于教育教学具体实践中的具体问题：或是生活思考，或是教学反思，或是难点突破，或是重点强调，或是学习策略、教学方法、教育教学观点等等具体的、真实的、自己或与同伴可以解决的问题。

（6）草根研究、趣味创作。正因为课程内容微小，所以人人都可以成为课程的研发者；正因为课程的使用对象是教师和学生，课程研发的目的是将教学内容、教学目标、教学手段紧密地联系起来，是"为了教学、在教学中、通过教学"，而不是去验证理论、推演理论，这就决定了研发内容一定是教师自己熟悉的、感兴趣的、有能力解决的问题。

（7）成果简化、多样传播。因为内容具体、主题突出，所以，研究内容容易表达、研究成果容易转化；因为课程容量微小、用时简短，所以，传播形式多样。

（8）反馈及时、针对性强。由于在较短的时间内集中开展"无生上课"活动，参加者能及时听到他人对自己教学行为的评价，获得反馈信息。较之常态的听课、评课活动，"现炒现卖"的微课，具有即时性。

（二）微格教学

1. 微格教学的含义

微格教学是一种利用现代化教学技术手段来培训教师的实践性较强的教学组织形式。

微格教学的英文为 Microteaching，在我国被译为"微型教学""微观教学""小型教学"等，目前国内用得较多的是微格教学。

微格教学创始人之一，美国教育学博士德瓦埃·特·爱伦认为微格教学"是一个缩小了的、可控制的教学环境，它使准备成为或已经是教师的人有可能集中掌握某一特定的教学技能和教学内容"。微格教学实际上是提供一个练习环境，使日常复杂的课堂教学得以精简，并能使练习者获得大量的反馈意见。

2. 微格教学实施

微格教学的实施包括学习相关知识、确定训练目标、观摩示范、分析与讨论、编写教案、角色扮演与微格实践、评价反馈、修改教案等步骤。

（1）学习相关知识

微格教学是在现代教育理论指导下对教师教学技能进行模拟训练的实践活动。在实施模拟教学之前应学习微格教学、教学目标、教学技能、教学设计等相关的内容。通过理论学习形成一定的认知结构，利于以后观察学习内容的同化与顺应，提高学习信息的可感受性及传输效率，以促进学习的迁移。

（2）确定训练目标

在进行微格教学之前，指导教师首先应该向受训者讲清楚本次教学技能训练的具体目标、要求，以及该教学技能的类型、作用、功能与典型事例运用的一般原则、使用方法及注意事项。

（3）观摩示范

为了增强受训者对所培训的技能的形象感知，需提供生动、形象和规范的微格教学示范片或教师现场示范。在观摩微格教学片过程中，指导教师应根据实际情况给予必要的提示与指导。示范可以是优秀的典型，也可利用反面教材，但应以正面示范为主。如若可能，应配合声像资料提供相应的文字资料，以利于对教学技能有一个理性的把握。要注意培养受训者勤于观察、善于观察的能力，吸收、消化他人的教学经验的能力。

（4）分析与讨论

在观摩示范片或教师的现场示范后，组织受训者进行课堂讨论，分析示范教学的成功之处及存在的问题，并就"假使我来教，该如何应用此教学技能"展开讨论。通过大家相互交流、沟通，集思广益，酝酿在这一课题教学中应用该教学技能的最佳方案，为下一步编写教案做准备。

（5）编写教案

当被训练的教学技能和教学目标确定之后，受训者就要根据教学目标、教学内容、教学对象、教学条件进行教学设计，选择合适的教学媒体，编写详细的教案。教案中首先应说明该教学技能应用的构想，还要注明教师的教学行为、时间分配及可能出现的学生学习行为及对策。

（6）角色扮演与微格实践

角色扮演是微格教学中的重要环节，是受训者训练教学技能的具体教学实践过程。即受训者自己走上讲台讲演，扮演教师，因此被称作"角色扮演"。为营造出课堂气氛，由小组的其他成员充当学生。受训者在执教之前，要对本次课作简短说明，以明确教学技能目标，阐明自己的教学设计意图。讲课时间视教学技能的要求而定，一般 5～10 分钟。整个教学过程将由摄录系统全部记录下来。

（7）评价反馈

评价反馈是微格教学中最重要的一步。在教学结束后，必须及时组织受训人员重放教学实况录像或进行视频点播，由指导教师和受训者共同观看。先由试讲人进行自我分析，检查实践过程是否达到了自己所设定的目标，是否掌握了所培训的教学技能，指出有待改进的地方，也就是"自我反馈"。然后指导教师和小组成员对其教学过程进行集体评议，找出不足之处，教师还可以对其需要改进的问题进行示范，或再次观摩示范录像带，以利于受训者进一步改进提高。

（8）修改教案

评价反馈结束后，受训者需修改完善教案，再次实践。在单项教学技能训练告一阶段后，要有计划地开展综合教学技能训练，以实现各种教学技能的融会贯通。

（三）翻转课堂

1. 翻转课堂的含义

翻转课堂又称"反转课堂""颠倒的课堂"，是一种教师创建学习视频，学生在家中或课外观看，回到课堂师生面对面交流和完成作业的教学组织形式。

翻转课堂译自"Flipped classroom"或"Inverted classroom"，即重新调整课堂内外的时间，将学习的决定权从教师转移给学生。在这种教学模式下，学生能够更专注于主动的基于项目的学习。教师不再占用课堂的时间来讲授信息，教师有更多的时间与每个人交流。在课后，学生自主规划学习内容、学习节奏、风格和呈现知识的方式，教师则采用讲授法和协作法来满足学生的需要和促成他们的个性化学习，其目标是为了让学生通过实践获得更真实的学习。

2. 翻转课堂实施的步骤

（1）课前四环节

第一，制作导学案。

第二，创建教学视频。

第三，学生自主预习和学习。

第四，教师了解预习、学习情况。

（2）课堂五步骤

第一步，合作探究。组内不能解决的疑难问题，课堂上由组间互助合作解决。

第二步，释疑拓展。全班学生都不能解决的学习问题，由教师在课堂上解决；根据本班学生的实际学习情况，教师进行适度拓展和延伸。

第三步，练习巩固。

第四步，反思总结。

第五步，达标检测。

（四）慕课

1. 慕课的含义

慕课是指大规模的网络开放课程，它是为了增强知识传播而由具有分享和协作精神的个人组织发布的、散布于互联网的开放课程。

慕课（MOOC），顾名思义，"M"代表 massive（大规模），与传统课程只有几十个或几百个学生不同，一门 MOOC 动辄上万人，最多达 16 万人；第二个字母"O"代表 open（开放），以兴趣为导向，凡是想学习的，都可以进来学，不分国籍，只需一个邮箱，就可注册参与；第三个字母"O"代表 online（在线），学习在网上完成，无需旅行，不受时空限制；第四个字母"C"代表 course，就是课程的意思。

2. 慕课的主要特点

第一，大规模的。MOOC 是指那些由参与者发布的课程，只有这些课程是大型的或者叫大规模的，它才是典型的 MOOC。

第二，开放课程。遵从知识共享（CC）许可协议。只有当课程是开放的，它才可以称之为 MOOC。

第三，网络课程。这些课程材料散布于互联网，人们上课地点不受局限，无论你身在何处，都可以花最少的钱享受一流课程，只需要一台电脑和网络联接即可。

◄━━ 本章知识结构导图 ━━►

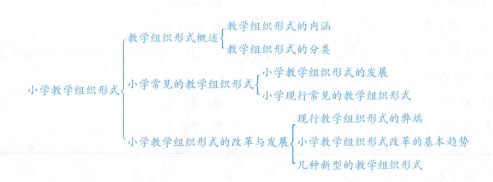

📖 历年真题

1.【2015 年上】在古代，中国、埃及和希腊的学校主要采用的教学组织形式是（　　）。

A. 个别教学　　　　　　　　　　B. 复式教学

C. 分组教学 D. 班级教学

2. 【2016 年下】学生在课前借助网络平台观看微视频进行自主学习，课堂上在教师的指导下分组讨论、合作探究。这种新型的教学组织形式称为（   ）。

A. 在线课堂 B. 网络课堂

C. 虚拟课堂 D. 翻转课堂

参考答案

3. 【2017 年上】能让学生充分交流互动并有利于发挥其主体作用的教学组织形式是(   )。

A. 道尔顿制 B. 个别教学

C. 分组教学 D. 文纳特卡制

4. 【2017 年下】班级授课制是现代学校普遍采用的教学组织方式，但也存在一定的局限性，主要表现为不利于（   ）。

A. 系统的知识传授 B. 因材施教

C. 发挥教师主导作用 D. 教学管理

5. 【2018 年上】为了弥补班级授课制的不足，把大班上课、小组讨论、个人自学结合在一起的教学组织形式是（   ）。

A. 特朗普制 B. 文纳特卡制

C. 道尔顿制 D. 贝尔-兰卡斯特制

6. 【2018 年下】教师不是分学科进行系统的知识传授，而是为学生创设学习环境，由学生根据自己的兴趣在教室或其他场所自主学习。这样的教学形式属于（   ）。

A. 在线课堂 B. 网络课堂

C. 开放课堂 D. 翻转课堂

7. 【2019 年下】为了让学生认识常见的交通标志，遵守交通规则，教师组织学生到学校附近的路口进行观察，这种教学组织形式属于（   ）。

A. 复式教学 B. 现场教学

C. 个别教学 D. 课堂教学

8. 【2020 年上】按照学生的能力、学习成绩或爱好兴趣将学生分为不同组进行教学的组织形式称为（   ）。

A. 文纳特卡制 B. 分组教学

C. 设计教学法 D. 道尔顿制

9. 【2022年下】（ ）提出了设计教学法。

A. 杜威 B. 华虚朋

C. 柏克赫斯特 D. 克伯屈

📚 知识点检测

一、单项选择题

1. 帕克赫斯特创立的学制是（ ）。

A. 个别教学制 B. 特朗普制

C. 班级授课制 D. 道尔顿制

参考答案

2. 近代中国第一所实施班级授课制的新式学堂是（ ）。

A. 京师同文馆 B. 湖南时务学堂

C. 福建船政学堂 D. 上海广方言馆

3. 为完成特定的教学任务，教师和学生按一定要求组合起来进行活动的结构是（ ）。

A. 教学内容 B. 教学方法

C. 教学组织形式 D. 教学策略

4. 现场教学是班级授课制的（ ）。

A. 主要组织形式 B. 基本组织形式

C. 特殊组织形式 D. 辅助组织形式

5. 最早在理论上对班级授课制加以论证的教育家是（ ）。

A. 洛克 B. 赫尔巴特

C. 夸美纽斯 D. 杜威

6. 在下列教学组织形式中，有利于高效率、大面积培养学生的是（ ）。

A. 个别教学 B. 班级教学

C. 分组教学 D. 道尔顿制

7. "导生制"的管理模式最早出现在19世纪初的（ ）。

A. 德国 B. 法国

C. 英国 D. 美国

8. 下列关于复式教学叙述正确的是（ ）。

A. 复式教学就是对两个以上年级的学生同时进行教学的一种教学组织形式

B. 复式教学适用于学生多、教室少的情况

C. 复式教学课堂教师的教学和学生的自学或做作业同时进行

D. 复式教学情景下的学生的基本技能和自学能力相对较弱

9. 主张把大班教学、小班研究和个别教学三种教学形式结合起来的教学组织形式是（　　）。

A. 特朗普制　　　　　　　　　　　　B. 道尔顿制

C. 分组教学制　　　　　　　　　　　D. 班级授课制

10. 按照学生的能力、学习成绩或爱好分为不同的组进行教学的组织形式称为（　　）。

A. 活动课时制　　　　　　　　　　　B. 设计教学法

C. 道尔顿制　　　　　　　　　　　　D. 分组教学

11. 教育史上最早出现的教学组织形式是（　　）。

A. 个别教学　　　　　　　　　　　　B. 班级授课制

C. 复式教学　　　　　　　　　　　　D. 小组教学

12. 主张废除班级授课制和教科书，打破学科界限，由学生自定学习目的和内容，自己设计单元活动的教学形式是（　　）。

A. 个别教学制　　　　　　　　　　　B. 分组教学制

C. 道尔顿制　　　　　　　　　　　　D. 设计教学法

13. 有利于教师根据学生特点，因材施教的教学形式是（　　）。

A. 现场教学　　　　　　　　　　　　B. 复式教学

C. 分组教学　　　　　　　　　　　　D. 个别教学

14. 难以充分照顾学生个别差异的教学组织形式是（　　）。

A. 个别教学制　　　　　　　　　　　B. 班级授课制

C. 分组教学制　　　　　　　　　　　D. 能力分组制

二、多选题

1. 班级授课制的固定是指（　　）。

A. 学生固定　　　　　　　　　　　　B. 教师固定

C. 内容固定　　　　　　　　　　　　D. 时间固定

E. 场所固定

2. 在教育史上，先后出现的影响较大的教学组织形式有（　　）。

A. 个别教学制　　　　　　　　　　　B. 班级授课制

C. 分组教学　　　　　　　　　　　　D. 道尔顿制

E. 设计教学法

3. 以下做法属于外部分组的有（　　）。

A. 按不同学习内容、不同学习目标进行分组

B. 兴趣分组　　　　　　　　　　　　C. 能力分组

D. 学科能力分组　　　　　　　　　　E. 班内分组

4. 小班教学为体现教育公平、保证教学质量，在实施中应注意（　　　）。

A. 教师包班而不分科任教

B. 因材施教　　　　　　　　　　C. 学生机会均等

D. 责任明确　　　　　　　　　　E. 分层管理

三、判断题

1. 分组教学显著的优点在于它更切合学生个人的水平和特点，便于因材施教，有利于人才的培养。（　　　）

2. 教学组织形式是指为了完成特定的教学任务，教师和学生按一定要求组合起来进行活动的结构，教学组织形式是固定不变的。（　　　）

3. 道尔顿制教学法有利于充分调动学生学习的主动性，培养他们的学习能力和创造才能。（　　　）

4. 中国采用班级授课制的教学组织形式，最早的雏形始于1862年清政府开办的京师同文馆。（　　　）

5. 个别教学制强调教学过程的标准、同步、统一，难以完全适应学生的个别差异，不利于因材施教。（　　　）

第 九 章

小学教学模式

学习目标

✦ 识记教学模式的概念；

✦ 理解我国小学常见的教学模式和发展趋势；

✦ 熟悉并掌握小学教学模式的选择和运用方法。

案例导入

他们为新课程改革贡献了什么？①

　　新中国成立以来，我国中小学的课堂教学模式基本都是"先教后学，课后作业"，在课堂上教师以讲为主，每堂课都是假定学生对这些问题一无所知，教师要详细地系统讲授，唯恐哪个知识点讲不透，学生不明白。如果课堂上有时间就练习巩固，如果没有时间就留到课后练习。江苏省泰兴市洋思中学对这种传统的课堂模式进行了颠覆性的改革，他们提出"先学后教，当堂训练"的模式，每堂课教师都不先讲，先让学生自学。学生不是盲目地自学，而是在教师指导下自学，教师的指导要做到"四明确"，即明确时间、明确内容、明确方法、明确要求。比如："同学们，下边我给大家 5 分钟的时间（明确时间），大家自学教材的第 23 页至 24页（明确内容），在自学的过程中可进行小组讨论（明确方法），5 分钟后请回答下列问题（明确要求）。"只有做到四明确，学生才能高效率地进行自学。

　　"先学后教"的"教"字不是系统讲授的意思，是"点拨"的意思，教师根据学生的自学情况进行点拨，或规范其不准确的表述，或解答其疑惑的问题，或纠正其错误的理解。因为学生通过自学已基本掌握了书上的知识，所以教师真正讲解的东西不是很多。课堂上能够省出很多时间让学生"当堂训练"。学校规定："每堂课教师讲授的时间不能超过 10 分钟，学生练习

① 王敏勤 . 他们为新课程改革贡献了什么 [N] . 中国教育报，2007-03-09（5）.

的时间不能低于 20 分钟。"似乎有些机械，但改革的初期，给教师一些基本的规定和模式便于教师遵循，一旦教师理解了新的课堂模式的意义，就能够根据学生的情况和教学的内容灵活变通。

上述材料中所提及的"教学模式"是指什么？与之前所学的教学方法有何不同？教学模式只有固定的一种吗？为什么要对课堂模式进行改革？课堂模式改革反映了我国教学模式发展的什么特点？我们应如何选择教学模式？在运用教学模式时应注意什么？相信同学们通过本章的学习，会有自己的理解和思考。

第一节　小学常见的教学模式

一　教学模式概述

（一）教学模式的概念

"模式"一词是根据英文"model"音译的。美国的乔伊斯和韦尔是将"模式"一词最先引入教学领域，并进行系统研究的人。教学模式可定义为在一定教学思想或教学理论指导下建立起来的较为稳定的教学活动的结构框架和程序。它不是单一的某种教学方法，也不是教学方法的简单综合，也不仅仅是理论。我们可以把教学模式理解为开展教学活动的一整套方法论体系，它是教学理论的具体化，又是对教学经验的一种系统的概括。

（二）教学模式的结构

一个完整的教学模式包括五个要素：

1. 理论基础

理论基础是指教学模式所赖以建立的教学理论或思想。理论依据是教学模式的灵魂，反映了教学模式的内在特征，它渗透在其他各个因素之中。

2. 教学目标

教学目标是具体、明确的导向，是为有效完成特定的教学目标而创设的，任何教学模式都指向一定的教学目标。在教学模式的结构中，教学目标对其他因素有制约作用，也是教学评价的标准和尺度。

3. 教学程序

教学程序是指某一教学模式所特有的逻辑步骤以及每个步骤的主要做法等。

4. 实施条件

实施条件是指促使教学模式发挥效力的各种因素，如教师、学生、教学内容、教学手段、教学时空等在教学活动中构成的某种相对稳定的联结方式与最佳组合方案。

5. 教学评价

教学评价包括评价的方法、标准等。不同的教学模式，由于目标、操作程序、实施条件上不同，评价的方法和标准也就不同。每种教学模式都有适合自己特点的评价方法和标准。

二　小学常见的教学模式

按照不同标准，教学模式可分为多种类型。我国小学常用的教学模式主要有："传递-接受"教学模式、"引导-发现"教学模式、"自学-辅导"教学模式、"暗示-领悟"教学模式四种类型。

（一）"传递-接受"教学模式

"传递-接受"教学模式的理论依据源于赫尔巴特的四阶段教学法，它把教学看作是学生在教师指导下的一种对客观世界的认识活动。这种教学模式主要运用于系统的基础知识和基本技能、技巧的传授和学习。这一模式的基本程序是：激发学习动机—复习旧课—讲授新知识—巩固运用—检查评价。这种模式以教师为主导。首先，由教师组织、调节和控制整个教学过程。按照学生认识活动的规律，教师通过口头讲解、直观演示、设置情境等，激发学生的学习动机，感知、理解教材，并达到领会的程度。其次，组织学生练习、运用、巩固所学知识。最后，由教师检查或组织学生自我检查，反馈教与学的效果。

"传递-接受"教学模式之所以为我国小学所普遍采用，成为我国教学的基本模式，是因为它具有如下优点：一是能使学生在单位时间里比较迅速有效地获得更多的知识信息，体现了教学过程的简约性；二是能有效地、充分地发挥教师的主导作用，易于达到预期的教学目标。但这种教学模式容易导致注入式教学或学生死记硬背，不利于学生主动性的充分发挥，不利于学生个性、情感的培养，也有其局限性，因而多年来曾受到各方面的批评。

（二）"引导-发现"教学模式

"引导-发现"教学模式，又叫"问题-探究"教学模式，它主要是根据杜威、皮亚杰、布鲁纳等人先后倡导的"问题—假设—推理—验证"等程序，结合我国广大教育工作者的实践而建立的。它是指教学活动以解决问题为中心，学生在教师指导下发现问题，提出解决问题的方法，并通过自己的活动找到答案的一种教学模式。该模式的基本程序是：教师提出要解决的问题或创设问题情境—引导学生提出假设—学生验证假设—小结提高。首先，教师提出要解决的问题或创设问题情境，激发学生探究问题的动机。其次，学生利用教师和教材所提供的信息材料，对课题进行分析思考，提出自己的假设。最后，教师引导学生展开争辩，验证假设，引导学生做出总结，获取原理或概念，并验证核实。

这一模式注重学生的独立活动，着眼于学生创造力、意志力的培养，强调教师是引导者和顾问，教师应根据教学需要，为学生提供探究所需的材料和场所，教师必须精通整个问题体系，熟悉学生形成概念、掌握规则等思维过程，要允许学生出错，能鼓励学生大胆质疑。运用这种模式，要求教材必须是结构性的、发现式的，符合探究活动等高级思维方式，因此，该模式多见于数理学科的教学。此教学模式也有其明显的局限性：要求学生具有一定的知识能力素养，且这种模式比较费时，也不利于学生掌握系统的科学知识，不能处处采用。

（三）"自学-辅导"教学模式

"自学-辅导"教学模式是在总结国外程序教学法的基础上，经过我国大量的教学实践和实验后提出的比较具有中国特色的教学模式。这种模式主要用于培养学生的自学能力和形成良好的自学习惯。该模式的基本程序是：教师提出自学的任务和要求—学生自学—讨论交流—教师启发答疑—练习总结。首先，学生独自阅读教材，教师根据学生的不同情况，帮助学生理解教材，形成自己的个人观点。其次，教师对讨论过程中的重点、难点、关键问题进行启发、解惑、指迷。最后，学生通过完成各类作业、实验操作等，巩固知识。

这种模式有利于培养学生的自学能力，培养学生良好的学习习惯，可以做到因材施教，但此模式对教师的教学能力、学生的自觉性及学习基础要求较高，排斥系统讲授，在实际操作中有一定难度。

（四）"暗示-领悟"教学模式

"暗示-领悟"教学模式是基于保加利亚心理学家洛扎诺夫的暗示教学理论，并结合我国教学实践经验所形成的。这一模式认为，人的认识是有意识和无意识心理活动的统一，是理智和情感活动的统一，强调不仅要重视理智活动，还要重视情感的陶冶，充分调动学生无意识心理活动的潜能，使学生在轻松愉悦的情况下进行学习，轻松愉快地获得知识，增强记忆效果，提高教学质量。它的基本操作程序是：创设情境—参与活动—总结转化。

运用这一模式，教师要善于根据教学任务的要求，采用多种手段为学生创设生动活泼、能激发学习情绪的环境以及各类活动，学生不由自主地被吸引、熏陶，自由自在地获取经验，并通过教师总结和启发诱导，领悟所学内容，实现情与理的统一。这种模式摆脱了以往学生总是处于紧张、严肃和约束的学习环境的状况，使学生能在轻松的气氛中，获取知识，完善人格，但这种模式对教学条件、教学设施和教师本人都提出了较高的要求。

游玩中的数学问题

一、情境引入

1. 同学们，你们喜欢旅游吗？都去过什么地方？你们都是怎么去的呢？

2. ××和××两家这个星期天也想带全家去参加宁波某旅行社举办的"宁波一日游"，两家来到旅游公司售票处，只见窗口上写着："A种方案，大人每位130元，小孩每位70元。B种方案，5人以上团体，每位100元。"

3. 这两种不同的买票方法你们能理解吗？你是怎么理解的？

4. 如果你是××和××的爸爸，你在买票的时候要考虑哪些事项？

5. 今天我们就来谈谈游玩中有哪些数学问题。

板书课题：游玩中的数学问题

二、探索规律

1. ××和××两家安排这些人参加"宁波一日游"，想一想该怎么买票？

（第一家：6个大人，3个小孩；第二家：3个大人，6个小孩）

2. 学生独立思考解决。（可以在你的小本子上自己动手试试）

3. 师：你认为应该选择哪一种买票方案？并说说你的理由。

4. 教师板书并问：130×6+70×3；130×3+70×6表示什么？

5. 小组学习。

（1）师：如果让你做导游安排这两家去参加"宁波一日游"，请你根据参加的人数选择合理的买票方案。（4人小组合作）

（2）把你们设计的方案集中在一起。

第一，交换检查，计算是否有错？（设计方案两组对调）

第二，通过观察，你们有什么发现？

6. 学生组内交流。

7. 结合学生的回答，问：

（1）什么情况下选用A种买票方案最合理？在你们设计的方案中有这种情况吗？请举例说明。

总人数<5人时或者总人数≥5人且小孩个数比大人个数多时。

（2）什么情况下选用B种买票方案最合理？在你们的设计方案中有这种情况吗？

总人数≥5人且大人个数比小孩个数多时。

（3）再设计一份符合 A/B 种方案的买票方案，并算一算是否符合你们的需要。

（4）汇报。

（5）揭示结论。

师：我们究竟应该怎么样买票呢？

当总人数不足 5 人时，选用 A 种买票方案。

当总人数不少于 5 人时：大人个数比小孩个数多时，选用 B 种方案；大人个数少于小孩个数时，选用 A 种方案。

师：当小孩个数与大人个数同样多时，请你算一算应该怎样买票？

大人和小孩个数同样多时，A、B 两种买票方案都可以。

三、深化提高

1. 买票参加"宁波一日游"时，除了要考虑花钱以外，还要考虑哪些因素？

第一，安排的景点；第二，其他的服务措施能令我们满意吗？

2. 如果优惠措施改为：

A. 大人每位 130 元，小孩每位 50 元；B. 6 人以上团体，每位 90 元。

（1）文文妈妈带着文文、弟弟和爷爷、奶奶参加这次旅游，你说该怎么买票？

具体计算：A 种方案 130×3+50×2＝490（元）；B 种不能选，总数不满 6 人。

（2）若是爸爸也参加旅游，该怎么买票呢？要是再增加妹妹呢？

四、课堂小结

今天我们学习了什么？学会了这堂课对我们有什么好处？四人小组讨论，可以用上"我们学到了……；我们小组得到了以下的结论……；我们现在认识到……；通过今天这节课我们推断出……；关于……我想找出更多的……"等等来作为今天小组活动课的结束语句。

先四人小组讨论，由小组长记载并汇报。

师小结：根据给出的优惠措施，买票时，一般情况下除了要考虑总人数及团体的构成外，还应该注意具体问题要具体分析。

三　小学教学模式的发展

1. 重能力趋势

传授知识与发展能力是教学的双重任务。教学中既要传授知识，又要培养能力，且知识与能力密切联系，能力是学习知识的条件，因此，现代教育家在研究和表达教学模式时都将发展学生的能力放在重要位置。

2. 重学生趋势

重视学生的主体地位成了当代教学模式的共同特征。教学基本规律、终身教育理念以及

"人—机"学习机制等都要求教育者进一步发挥学生的主体作用，人们将由目前的"带领"学生学逐渐转变为"引导"学生学。

3. 心理学化趋势

现代心理学在认识的发生发展、能力结构及其发展、记忆原理、潜能研究等方面都取得了重要成果。随着生理学，尤其是脑科学以及生物化学研究的不断深入，心理学必能更清晰客观地阐明人类的学习机制。从心理机制角度科学地设计和叙述教学模式，不仅是必然而且能够越做越好。

4. 机辅趋势

随着电子技术的飞速发展，电子计算机、多媒体、网络等教学设施设备正在越来越多、越来越成功地介入教学过程。为此，教学模式还显示出从单一走向多样化、从归纳走向演绎两个较重要的特征。

第二节　小学教学模式的选择与运用

一　小学教学模式的选择

教学模式的选择是依具体的教学情境而定的。

1. 根据教学目标选择教学模式

教学目标不同，所采用的教学模式也不同。偏重于知识的学习和发展的教学目标，教材内容又多为知觉和记忆一类的，则适宜采用"传递-接受"的教学模式。侧重于智能的发展的教学目标，且教材的难度适中，则适宜采用"引导-发现"或"自学-辅导"的教学模式。

2. 根据教学内容选择教学模式

不同学科性质的教材应采取不同的教学模式，同一学科中不同的教学内容也需要有与之相适应的教学模式。在教学过程中应该针对不同内容重点，选择更适合的教学模式。

3. 根据学生的特征选择教学模式

不同年龄阶段的学生，想象力、思维力、学习力和已经掌握的知识及其认知方式等都存在着极大的差异，教师选用教学模式时应充分考虑这些差异。

4. 根据教师自身特点来选择教学模式

教学模式的功能要通过教师来实现，每个教师在选择教学模式时要考虑自己的学识、能力及教学经验，尽量扬长避短，选择比较适合自己施展的教学模式。

二 小学教学模式的运用

教学模式的运用应该遵循以下几个原则：

1. 树立正确的教学观

教学模式能否取得理想的效果，与教学观念有着密切的联系，树立正确的教学观是运用教学模式的前提。

2. 克服模式的单一化

教学过程具体而复杂，教学内容丰富而多样，教学任务也是多方面的，因此，在实际的教学过程中，应该综合性地运用教学模式。

3. 模仿之中有创造

教师不能盲目照搬和机械地套用教学模式，应该针对具体的教学实践，在原有基础上有所超越和创造，做到模仿之中有创造，运用之中有发展。

4. 充分利用现代教学媒体

多种现代教学媒体的出现，丰富了教学的信息途径，也促进了教学模式的改革，需要多加利用。

本章知识结构导图

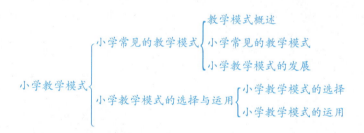

 历年真题

【2011 年下】在教学理论指导下，为实现特定教学目标而设计的较为稳定的教学范型是（   ）。

A. 教学方法 B. 教学策略

参考答案

C. 教学模式　　　　　　　　　　D. 教学组织

知识点检测

1. 什么是教学模式？教学模式的基本结构是怎样的？
2. 结合实践，论述不同教学模式的选择及运用。
3. 思考并谈谈我国教学模式改革的基本特点和趋势。

参考答案

第 十 章

小学教学管理与评价

学习目标

- ✦ 识记小学教学管理和教学评价的概念；
- ✦ 理解小学教学管理的内容、策略；
- ✦ 理解小学教学评价的功能和分类；
- ✦ 熟悉并掌握学生学业和教师教学工作评价方法。

案例导入

当前农村小学教学管理中存在的问题及对策①

　　我在农村小学工作已经二十多年了，这期间从事学校管理工作十多年，在农村小学教学管理中，我总是存在着这样的思维定式——不管黑猫白猫，只要逮着老鼠就是好猫。它已被编织进我的"适者生存"的逻辑之中，而且不只发生在我一个人身上。我总在不止一次地思考这个问题，小学教学管理究竟是什么？我曾经和好多老师探讨过这个问题，他们都不假思索地说："小学教学管理要的就是成绩。"这个回答很现实，但，在这种现实的背后，潜在地存在着极大的危险性，即"过分索求成绩导致管理目标趋向的畸形化"。依我之见，小学教学管理的核心依然是人，人的生命需要的不仅是几个数字的装饰。我曾经对班里的三个学生做了一次测评，得出的结论是：学生 A 成绩 90，学生 A 自私、内向；学生 B 成绩 64，学生 B 口才好，字也写得好；学生 C 成绩 23，学生 C 乐于帮助别人，孝敬父母。这就给我一个结果，即单用成绩高低权衡一个学生的优劣是对教育工作的亵渎，学校、教师过分注重成绩，不但学生成绩没有上去，反而把孩子们本该提升的素养一寸一寸地蚕食掉了。

---

① https：//mp. weixin. qq. com/s/xtyJM6nD0utHpJR＿ FLupew.

上述材料是否能引起我们的思考？教学管理究竟是什么？我们应如何评价学生？相信同学们通过本章的学习，会有自己的理解和思考。

一 教学管理的内涵

教学管理在教育界比较普遍的看法是指对制约教学质量的诸多因素进行组织、协调和控制，使学校有正常的教学秩序，并沿着一定轨道运行，从而保证学校教学任务的顺利完成。教学管理的实质就是对教师的教与学生的学的管理，充分发挥师生的积极性和主动性，提高教学质量。具体到小学的教学管理，可以理解为：学校教学行政管理人员及一线教师运用某些原理和方法，为完成一定的教学任务，提高教学质量，进行组织、协调、指导等管理行为，从而实现教学目的的过程。

二 教学管理的内容

教学管理是学校正常教学秩序的保证，在实际工作中，教学管理的内容可以概括为以下三个方面：

①教学质量管理。教学质量管理是按照培养目标进行教学活动，并对教学过程的各个阶段和环节进行质量控制与评价的过程。学校教学管理的中心任务就是提高教学质量。

②教学过程管理。教学过程是教学活动展开的过程，教学过程管理就是对这一过程所涉及的各种要素及活动的管理。

③教学业务管理。教学业务管理是对教学业务工作所进行的有计划、有组织的管理活动，主要管理对象为教师的业务能力。教学业务管理是教学管理的重要组成部分，它决定教学管理的水平。

教学管理的具体任务有以下五个方面：

①制订学校教学工作计划，明确目标，确保教学工作有计划、有步骤地运转。

②建立健全学校教学管理体系，明确职责，发挥管理人员的作用。

③加强教师的教学质量以及学生的学习质量管理。

④组织开展教学研究活动，促进课堂教学改革。

⑤深入教学第一线，检查指导，及时跟进，提高教学质量。

三 教学管理的策略

1. 严格设置课程，学校教学常规管理定期化

实施教学管理，要严格设置课程管理，按教学大纲合理安排课程，教师严格按课表上课。同时学校教学常规管理定期化，让教师明确完成阶段性教学任务，做到定期与随机、过程与结果相结合。如，学校通过每月检查教师教案、作业等常规手段，掌握教师教学的基本情况，对出现的问题可以及时指导。但检查也不能仅限于一种形式，还应结合学校实际，采取定期检查与随机抽查的形式。在抓结果管理时，还须强化过程管理。如对备课提出具体要求，督促教师认真备课，对教师的每一次课堂严格把关，制定合理的听课、评课制度，组织教师开展丰富多彩的教研活动。

2. 加强教师业务培训和管理，明确教师教学职责

加强教学管理，要以提高教师意识为基础。教师是教学管理的主体，提高教学管理，就是要充分发挥教师的主动性、积极性、创造性，让其主动自觉配合教学管理，从而促进教学发展。因此，在教学管理中要加强教师业务的培训和管理，明确教师教学职责。加强教师业务学习，提高教师责任感，促使教师明确自身地位，甘愿为教学服务，培养教师热爱生活的态度，喜欢教育、关心学生的崇高情感。

3. 注重教师发展，提高教师素质

注重教师发展、提高教师素质是提高管理质量的关键。构建教师学习、交流平台，发挥教师教研主动性；树立以人为本、尊重和鼓励教师、解放和发展教师教学思想的管理理念；避免单一的监管方式，制定完善合理的教师工作评价体系；注重从教师的角度出发来考虑教师的情感等需求，制定相应的奖励制度，充分发挥教师的主动性、积极性、创造性，在全面提升教师素质的基础上加强教学管理工作。

教学管理，是一项长期的工作，是一项不断发展、完善的系列工程。在管理活动中，管理者要结合社会发展、时代需求，不断更新观念，让教学管理适应时代发展的步伐，让教育符合社会的需求，培养出更多服务现代化建设的合格人才。

第二节　小学教学评价

一　教学评价的概念及功能

（一）教学评价的概念

教学评价是依据教学目标对教学过程及结果进行价值判断的活动。教学评价一般包括对教学过程中教师、学生、教学内容、教学方法、教学手段、教学环境、教学管理诸因素的评价，但主要是对学生学习效果的评价和教师教学工作过程的评价。

（二）教学评价的功能

1. 导向功能

通过教学评价可以判定师生的活动是否偏离了正确的教学轨道，偏离了教育方针和教学目标，有无全面完成各科教学大纲规定的目的和任务，从而保证教学始终沿着正确的方向发展。教学评价有利于各级各类学校端正教学指导思想和办学方向。

2. 鉴别和选择功能

通过教学评价可以了解教师教学的效果、水平和优缺点，以便对教师进行考察和鉴别，它是决定教师聘用、晋升、进修与提高的重要依据。根据教学评价能区分学生的能力，划分等级，为升留级、选择课程、指导学生职业定向提供依据，为选拔、分配、使用人才提供参考。同时，也是向家长、社会、有关部门报告和阐释学生学习状况的依据。

3. 反馈功能

通过教学评价及时地提供反馈信息，能使教师和学生知道教学过程的结果。教师获得评价的反馈信息，能及时地调整教学工作，促进教学目标的实现。学生获得反馈信息，能加深对自己当前学习状况的了解，调整自己的学习，促进学习目标的实现。

4. 咨询决策功能

科学的教学评价是教学决策的基础。只有对教学工作有全面和准确的了解，才能做出正确的教学决策。任何科学的教学决策都是建立在教学评价提供的具有说服力的评价结果的基础上的。

 案　例

一位老师执教《在大熊猫的故乡》的教学片段

师：作为有志于保护大熊猫的我们，能不能为"大熊猫栖息地申遗"做一些我们能做的事情呢？比如设计申遗主题词或策划一则保护大熊猫的宣传广告。

屏幕出示：用一两句话来表达申遗的美好愿望或设计一则保护大熊猫的公益广告。

师：有困难吗？老师举个例子。比如，北京 2008 年奥运会的申请主题就是"绿色奥运，科技奥运，人文奥运"。再比如，中央电视台保护水资源的公益广告是这样的：如果人类再不节约用水/那么，地球上的最后一滴水/将是我们自己的眼泪。这项任务可以单独完成，也可以小组合作，现在开始。（几分钟后，教师组织学生反馈）

生：我写了三条。第一条：保护大熊猫，别让大熊猫成为灭绝动物。第二条：保护大自然，让大熊猫快乐地生活。第三条：别让"活化石"成为博物馆的标本。

师：哇，太棒了，真是一位高产作家！（笑）

生：杨柳枯了，有再青的时候；熊猫走了，没有再回的时候。

师：哈哈，当代朱自清！（笑，掌声）

生：保护大熊猫，为中国添一份荣耀！

师：掷地有声！（掌声）

生：等到大熊猫灭绝的时候，你的记忆里是否还有它的模样？

师：诗一般的语言。

生：茂密箭竹，绵绵白云，清清泉水，可爱熊猫……

师：一幅画！一首诗！当代小诗人。

生：老师，我还有一条。地球已经有很多遗憾，别让大熊猫的成功成为新的遗憾。

师：成功？这个怎么说？我帮你改一下好吗？地球已经有很多遗憾，别让大熊猫的离去成为新的遗憾。

生：地球已经有很多遗憾，别让大熊猫的离去成为新的遗憾。（掌声）

生：老师，这是一幅画，画中大熊猫妈妈对孩子说："亲爱的，过来吃早餐！"（笑，掌声）

师：哈哈，真好！老师忽然觉得这是个绝妙的广告创意。

广告画面是：

大熊猫妈妈对着小溪对面竹林里的孩子说：亲爱的，过来喝早茶！（笑）然后响起背景音乐——教师用网络歌曲《两只蝴蝶》的旋律唱道：亲爱的，你慢慢来，穿过竹林来喝小溪水……（全场笑声，掌声，气氛热烈）

"多一把衡量的尺子，就会多出一批好学生"这一理论在这一课堂评价中得到了很好的落实。老师在评价学生的时候，就要对每个学生报有积极、热切的希望，并乐于从多角度来评价、观察和接纳学生，寻找和发现学生身上的闪光点，发现并发展学生的潜能。这正是新课程所倡导的评价观。让每个孩子都得到关怀，让每个孩子的个性得以充分张扬，让每个孩子都感受到自己是一个聪明人，体现出评价是为了孩子发展的理念。

此课例的教学评价充分地体现了教师是教学内容的组织者、引导者、合作者，教师时刻在运用自己的评价激励、唤醒、鼓舞着学生。这位教师已娴熟地掌握了点石成金、由表及里等各种教学评价方法并融会贯通。教师从语势上、表达方法上等多角度给予评价引领。如"哈哈，当代朱自清！"看似随意的评价，实则是在用著名作家朱自清的声望来激励孩子的进步。评价学生时，运用名人、名家来类比，会产生强大的榜样示范效果，这远比"你说得真好，写得真好"的评价标准，更有指向性。

二　教学评价的分类

教学评价必须根据各类教学活动的特点，灵活地运用各种评价模式。根据不同的标准，教学评价可以划分成不同的类型。

（一）以教学评价实施的作用为依据的分类

美国教育心理学家布鲁姆根据教育评价在教学工作中的作用把教学评价分为诊断性评价、形成性评价和总结性评价三种类型。

1. 诊断性评价

诊断性评价一般在学期开学或教学活动开始前进行，故又称为准备性评价。其目的是了解、摸清学生现有的整体水平及个别差异以便安排教学。它有利于帮助教师了解学生的知识基础和发展水平，有助于教师根据学生的具体情况设计出最佳的教学方案。

2. 形成性评价

形成性评价是运用于教学过程中为改进教学而进行的评价，目的在于检验前一段教学的效果，找出存在的问题，为进一步改进教学提供依据。它包括教学过程中教师对学生的口头提问、课堂作业以及书面检测等。形成性评价能让教师和学生获得反馈信息，有利于促进学生的学习与发展。

3. 总结性评价

总结性评价是指教学活动的一个阶段完成后，如一学期或一学科结束之后，对其结果进行的评价，亦称终结性评价。其主要目的在于检查、总结教学目标的达成情况，为学生评定成绩，有利于促进下一轮教学的改进和提高。

（二）以教学评价实施的方法和标准为依据的分类

1. 相对性评价

相对性评价是用常模参照对学生成绩进行评定，它依据学生个人成绩在班级成绩序列或常模中所处位置来评价和决定学生的成绩，不考虑教学目标是否达成。相对性评价有利于了解学生的总体表现和学生之间的差异，但容易使评价标准偏离教学目标，不能充分反映教学上的优缺点，不能为改进教学提供依据。

2. 绝对性评价

绝对性评价是用目标参照对学生成绩进行评定，它依据教学目标和教材编制试题来测量学生的成绩，判断学生是否达到了教学目标的要求，不以评定学生之间的差别为目的。它适宜于升级、毕业、合格考试，不适用于甄选人才。

3. 个体内差异评价

个体内差异评价是以评价对象自身状况为基准，对评价对象进行价值判断的评价方法。评价对象只与自身状况进行比较，包括自身现在成绩同过去成绩的比较，以及自身不同侧面的比较，既可以是横向的，也可以是纵向的。个体内差异评价法有利于因材施教，但评价标准欠稳定客观。

（三）以教学评价的对象为依据的分类

1. 教的评价

教的评价是针对教师在教学上的表现做出价值判断和决定的评价，包括对教师的教学观念、教学内容、教学方法、教学过程的组织、师生关系和教学效果等的评价。教的评价不仅是教学反馈和教学管理的重要内容，也是促进教师成长的重要手段。教师可以从评价中得到反馈信息，及时调整教学计划，改进教学方法，以促进教学效果的提高。

2. 学的评价

学的评价是指根据教学目标对学生知识、技能、品德等发展状况进行测量分析，以鉴定学生的发展进步而对教学实施价值判断的过程。既评价学生的学业成绩，又评价学生的行为表现，既有数量上的客观数据，又有质量上的定性分析。

案 例

一堂数学课，教师讲解完有关三角形的知识后，口述学习要求：现在拿出练习本，开始做练习题，一定要做到快、静、齐，老师看哪一位同学能得100分？题目是：假设三角形三条边都为自然数，最大边长为11，问这样的三角形共有多少个?

(学生开始做练习，教师开始在教室内巡视指导。)

教学评价一：表扬第一小队、第三小队。

教学评价二：写慢一点，不要着急。

教学评价三：今天又没带铅笔吗?

教学评价四：大家要全力以赴。

教学评价五：你分心了。

在上述的教学片段中，教师的学习要求既明确了练习的内容，同时用"快、静、齐"三个字维持了课堂纪律、培养好的学习习惯，又用"老师看哪一位同学能得100分"表达了教师对同学们的期待，增加了学生之间的竞争，激发了学生学习的兴趣，可谓"一箭三雕"，用简洁的语言表达出多重的教育意义。教学评价一属于组间评价，是小学课堂中最为普遍使用的一种评价方法，旨在通过群体的榜样示范来敦促和激励全体学生，对于受到表扬的同学，这是一种奖励，有利于他们继续维持良好的表现；对于未受到表扬的同学，这是一种提醒，帮助他们表现得更好。教学评价二、三和五属于个别评价，是教师根据学生在练习过程中出现的具体问题进行的针对性评价，语言更多的是关心和提示，而不是严厉的批评，让学生能感受到真诚的爱，更容易被学生所接受；教学评价四属于整体性评价，是对全班同学情感上的支持，是对学生学习态度的培养。这些评价更多的是强调学习方法、学习习惯和学习态度的培养，但并不代表教师没有注意到学生学习内容和学习技巧的指导，因为将这些运用在练习结束后的跟进评价中效果会更好。

三　小学生学业评价方法

学业成绩评价是教学工作的重要反馈环节。当前，学业成绩评价实践中使用较多的方法主要有作业、考试与测验，以及表现性评价（如口试、学生成长记录袋等等）等重要方法。其中，作业、考试与测验是发展中的传统评价方法，而表现性评价则是新兴的评价方法。

(一) 作业

作业既是教师教学活动与学生学习过程中的必要组成部分，又是学生学业评价的重要方式。除了传统的纸笔作业外，口语交际作业、综合实践作业、实验操作作业等注重学生在真实情境中实际表现能力的表现性任务也开始纳入评价范畴。

(二) 考试与测验

考试与测验包括随堂测验、单元测验和阶段性测验等。教师通过平时测验检查和督促学生的学习，诊断学生对知识与技能的掌握情况，考查学生学习能力的发展。

（三）口试

口试，就是将考查的基本内容，采用随机或抽题签的方法进行口试回答。通过学生对问题的思考、分析、解答，以及真实的操作，不仅可以考查学生对知识技能的掌握和运用情况，而且可以使教师全面了解学生的思维过程、解决问题的方法以及动手操作的能力和个性创造力，从而为从多侧面、多角度评价学生提供真实有效的素材。

（四）学生成长记录袋

学生成长记录袋指学生把自己有代表性的作品汇集起来，以展示自己的学习和进步的状况，又称为档案袋评价。其优点是为教师提供了许多其他评价手段无法获得的有关学生学习与发展的信息。学生成长记录袋注重学生参与的积极性。学生是评价的主人，可以选择将什么作品装进学生成长记录袋，可以参与学生成长记录袋标准的制定，可以把自己的作品和进步与他人分享。最重要的是，学生成长记录袋给学生提供了对自己作品进行自我评价和反省的机会。

 资料链接

“智慧游考”：低年级学业评价的样板①

2018年1月，浙江省上虞实验小学举行了低年级“现代舜童，智慧游考”活动。900多名学生快乐地接受了一个学期来所学知识与能力方面的综合评价。学校在广场上搭建了16个帐篷，布置成游乐场的风格，作为此次学业评价的模块考点。学生在规定的考核时间里，拿着自己的“现代舜童”争章卡（评价单），穿梭在帐篷之间，进行自主闯关。“拼音大乐园”里，学生转动大转盘，信心满满地大声拼读；“歌舞小达人”中，学生用歌声、舞姿传达内心的快乐；“缤纷水果店”前，学生用画笔创作各类水果……

为了更精准地落实学科评价，以便科学地统计与分析学业水平，学校利用云课堂教学平台设置智慧宫，借助平板技术实现学生答题。教师自行设计了“拨拨小钟面”“摆摆正方形”“汉字拼拼乐”等体现选择性、层次性和表现性的考题。学生通过操作平板电脑，自主选择游戏式考题。教师根据学生完成水平与现场表现，以奖励“笑脸”图案的方式进行评价。

游考式学业评价，普遍受到学生和家长的喜爱和称赞。家长认为，游考从评价内容上做到了课本知识与生活实际有效结合，可以展示学校教育与校外学习的成果，能更全面、更客观地检测出低年级学生的进步与成长，在减轻学生学习负担的同时，也更有益于学生的身心发展。

---

① 祝浩军.“智慧游考”：低年级学业评价的样板——基于某校“现代舜童，智慧游考”活动的案例分析 [J]. 教学月刊小学版（综合），2018.（7/8）.

学生在经历"现代舜童，智慧游考"后，都感到非常惊喜和快乐："考试像闯关，快乐又好玩！这样的考试我喜欢！"

四　小学教师教学工作评价方法

评教是对教师教学质量的分析和评价，它对教学工作具有重要意义，可以使教师更清楚地了解自己教学中的长处与不足，增进教师之间的了解，使学校领导深入第一线，探究教学的经验与问题，以提高教师的水平和教学质量。所以，不仅要重视评学（学生的学习质量），更要重视评教，使二者相结合，才能有效地提高教学质量。

教师教学评价的方法很多，主要有以下几个方面：

（一）教学档案

教学档案是对该教师教学成就的真实记载，包括所有对教师教学内容、质量及效果等方面进行评议的相关文件，不但可作为对教师进行教学评价和奖励的依据，还可为其他形式的教学评价提供相关的背景，并为教学研究提供研究平台。

（二）课程档案

课程档案是教学档案的一种补充形式，通常包括四部分内容：课程目的以及教学方法和结果关系的说明；学生学习表现的分析报告；通过课程评价手段收集到的学生反馈信息分析说明；在分析学生学习状况及是否达到课程预期目标基础上的本课程的总结报告。课程档案为教师继续改进教学、进行批评性的反思提供了平台。

（三）学生评分

学生评分时所采用的问题一般都是有关教学活动方面的概述性问题，而且各门课程都需定期进行学生评分。教师通过这些累计的数据对整个教学发展过程进行持续的观察研究，通过比较和自己相类似的其他课程的评分，发现自己教学中的不足，以期达到进一步改进的目的。

（四）同行评价

同行评价是指同行教师通过听课、评议会等形式对授课教师在教学活动中的表现进行的评价。这种评价不但是对学生评分评价形式的补充，也是一种更加全面、准确的评价形式，而且同行教师还能对授课教师的教学形式及方法等提出更实际、更有效的有针对性的建议。

（五）个别采访

对学生进行个别采访所得到的评价是对学生评分评价形式的补充，目的是得到有关教学活动的更加具体和详细的信息。对于那些不愿在学生评分中回答问题的学生，在面对有技巧的采访人员或教师时常常会回答得更真实、更客观。

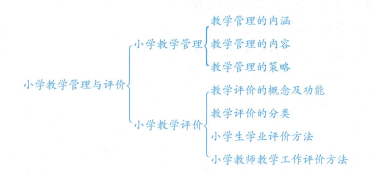

本章知识结构导图

小学教学管理与评价
- 小学教学管理
  - 教学管理的内涵
  - 教学管理的内容
  - 教学管理的策略
- 小学教学评价
  - 教学评价的概念及功能
  - 教学评价的分类
  - 小学生学业评价方法
  - 小学教师教学工作评价方法

历年真题

1.【2016 年下】新学期第一堂体育课，张老师对学生进行体能测试，以作为分组教学的依据。这种教学评价属于（　　）。

A. 过程性评价　　　　　　　　　B. 总结性评价

C. 诊断性评价　　　　　　　　　D. 个体内差异评价

参考答案

2.【2022 年下】强强学习成绩一般，但劳动积极，老师奖励他一朵小红花，这种评价属于（　　）。

A. 常模参照评价　　　　　　　　B. 标准参照评价

C. 个体内差异评价　　　　　　　D. 总结性评价

3.【2015 年上】材料分析题

刘老师教学《第一场雪》时，运用各种方式激励学生。学生在质疑时，她就说："真是个爱思考的孩子！"学生朗读表现出色时，她就说："老师仿佛置身于雪景中，心中无比轻松愉悦。"大家读得不好时，她说："读得不错，要是不仅能表现出惊讶，还能表现出赞叹的感觉来，就更棒了。"

问题：（1）评析刘老师对学生课堂表现的评价。

（2）谈谈"新课改"倡导的评价理论。

知识点检测

1. 什么是教学管理？教学管理的内容是什么？

2. 什么是教学评价？教学评价有什么作用？

3. 结合实践，论述如何评价小学生的学业成绩。

参考答案

参考文献

［1］蒋蓉，李金国. 小学课程与教学论［M］. 北京：北京师范大学出版社，2013.

［2］杨钦芬. 小学课程与教学论［M］. 南京：南京大学出版社，2017.

［3］汪霞. 小学课程与教学论［M］. 上海：华东师范大学出版社，2011.

［4］王本陆. 课程与教学论（第3版）［M］. 北京：高等教育出版社，2017.

［5］钟启泉. 课程与教学概论［M］. 上海：华东师范大学出版社，2004.

［6］［美］泰勒. 课程与教学的基本原理［M］. 施良方，译. 北京：人民教育出版社，1994.

［7］王道俊，郭文安. 教育学［M］. 北京：人民教育出版社，2016.

［8］施良方. 课程理论——课程的基础、原理与问题［M］. 北京：教育科学出社，1996.

［9］陆莉玲. 爱与智慧的诉说［M］. 上海：上海教育出版社，2006.

［10］施良方. 西方课程探究范式探析，华东师范大学学报（教育科学版）［J］，1994（03）.

［11］潘洪建，刘华，蔡澄. 课程与教学论基础［M］. 镇江：江苏大学出版社，2012.

［12］陈寒，林群. 教育学教程［M］. 北京：北京师范大学出版社，2011.

［13］徐继存. 课程与教学概论［M］. 长春：东北师范大学出版社，2017.

［14］万伟. 课程的力量［M］. 上海：华东师范大学出版社，2017.

［15］陈寒，林群. 教育学教程［M］. 北京：北京师范大学出版社，2011.

［16］黄甫全. 现代课程与教学论（第三版）［M］. 北京：人民教育出版社，2014.

［17］钟启泉，汪霞，王文静. 课程与教学论［M］. 上海：华东师范大学出版社，2008.

［18］［美］洛林·安德森. 布卢姆教育目标分类学［M］. 蒋小平，张琴，译. 北京：外语教学与研究出版社，2009.

［19］钟启泉. 为了中华民族的复兴，为了每位学生的发展：基础教育课程改革纲要［M］. 上海：华东师范大学出版社，2001.

［20］孙力仁. 教学设计：实践基础教育课程改革的理论与方法［M］. 北京：电子工业出版

社，2004.

［21］［美］阿姆斯特朗. 当代课程论［M］. 北京：中国轻工业出版社，2007.

［22］［美］E·詹森. 基于脑的学习：教学与训练的新科学［M］. 梁平，译. 上海：华东师范大学出版社，2008.

［23］李秉德. 教学论［M］. 北京：人民教育出版社，2001.

［24］王道俊，王汉澜. 教育学［M］. 北京：人民教育出版社，1999.

后　记

　　《小学课程与教学》是小学教师培养专业学生必修的核心课程，也是培养全科型小学教师的通识课程。这门课程在小学教师教育中有着十分重要的地位。本教材的编写尽量体现学生中心、实践取向、能力导向等理念。

　　本教材主要面向三年制、五年制专科层次小学教师培养专业的学生。总课时为 36 课时，一般安排在三年制大专的第二年上学期和五年制大专的第四年上学期。

　　本教材撰写人员有：衡阳幼儿师范高等专科学校陈金平（第一章、第四章第二节），永州师范高等专科学校彭文军（第八章）、黎斌（第九章），娄底幼儿师范高等专科学校李燕枝（第七章），永州师范高等专科学校李银洁（第十章），豫章师范学院唐小华（第二章第一节、第三章第一节和第二节）、王蓉（第五章）、许可（第二章第二节、第三章第三节），湘南幼儿师范高等专科学校袁慧勇（第四章第一节），湖南民族职业学院赵艺真（第六章）。

　　本教材是在湖南省教育厅教师工作与师范教育处的指导下组织编写的，编写过程中参考和引用了大量同行的研究成果，湖南第一师范学院的李金国副教授负责审读编写大纲和书稿，在此我们一并深表谢意。

　　由于编者水平有限，教材中可能有疏忽和不足，敬请读者批评和指正。

黄跃华

2023 年 7 月